Andrea Eißler

Und doch bei dir geborgen

Ermutigungen für schwere Zeiten

SCM Hänssler

SCM
Stiftung Christliche Medien

Bestell-Nr. 395.041
ISBN 978-3-7751-5041-5

© Copyright der deutschen Ausgabe 2010 by
SCM Hänssler im SCM-Verlag GmbH & Co. KG · 71088 Holzgerlingen
Internet: www.scm-haenssler.de
E-Mail: info@scm-haenssler.de
Umschlaggestaltung: OHA Werbeagentur GmbH, Grabs, Schweiz;
www.oha-werbeagentur.ch
Titelbild: istockphoto.com
Satz: typoscript GmbH, Kirchentellinsfurt
Druck und Bindung: CPI – Ebner & Spiegel, Ulm
Printed in Germany

Die Bibelverse sind folgender Ausgabe entnommen:
Lutherbibel, revidierter Text 1984, durchgesehene Ausgabe in neuer
Rechtschreibung, © 1999 Deutsche Bibelgesellschaft, Stuttgart.

Inhalt

Vorwort 5

1. Ruhe im Sturm 7
2. Zuhören 11
3. Gott sieht mich 14
4. Licht in dunkler Nacht 18
5. Felsenfester Halt 23
6. Getragen 26
7. Nicht vergessen 29
8. Gott hat einen Weg 32
9. Bete zu Gott 35
10. Gott hört und erhört 38
11. Gottes Gnade genügt 42
12. Allezeit loben 46
13. Gottes Geist hilft 50
14. Von Gott geliebt 54
15. Herzenssache 58
16. Vergebung erfahren 61
17. Für mich 65
18. Jesus siegt 68
19. Mit Ostern leben 73
20. Wiedergeboren zu lebendiger Hoffnung 77
21. Wie Gold 81

22. Geduld 86
23. Gottes Wille................................ 89
24. Der unbegreifliche Gott........................ 93
25. An der Quelle............................... 97
26. Bei Gott zu Hause............................ 101
27. Der Lastenträger 105
28. Fürchte dich nicht............................ 108
29. Nicht müde werden........................... 112
30. Dennoch bei dir.............................. 116
31. Getröstet................................... 120
32. Mein Hirte 123
33. Engel für mich unterwegs 126
34. Meine Zeit in Gottes Hand..................... 130
35. Tränen..................................... 133

Statt eines Nachworts 137
Anhang 142

Vorwort

»Das darf doch nicht wahr sein …«

Vielleicht haben Sie so gedacht, als Sie die Nachricht von einem schweren Leiden erreichte. Von diesem Zeitpunkt an ist nichts mehr, wie es war. Sie müssen sich auf einen schweren Lebensabschnitt einstellen.

Dieses Buch möchte Sie in dieser herausfordernden Zeit begleiten. Sie finden in ihm jeweils eine kurze Andacht und ein Gebet für den Morgen — ☀ — und einen vertiefenden Bibeltext, ein Gedicht oder ein Lied für den Abend — ☾ —.

Ich danke meinem Mann Tobias, der mich bei diesem Projekt unterstützt und es mit fünf eigenen Andachten ergänzt hat. Sie finden diese in den Kapiteln 13, 18, 20, 21, 25 und 32

Ich hoffe, dass alle diese Texte Sie ermutigen, Gottes Größe und Macht (neu) zu vertrauen.

Gott hat das Beste für Sie vorgesehen. Er wird bei Ihnen sein. Er will Ihren Glauben stärken und Sie mit seiner unerschöpflichen Liebe umgeben – komme, was mag.

Das wünscht Ihnen von Herzen

Andrea Eißler

Komme, was mag!
Gott ist mächtig!
Wenn unsere Tage verdunkelt sind
und unsere Nächte finsterer als tausend Mitternächte,
so wollen wir stets daran denken,
dass es in der Welt eine große, segnende Kraft gibt,
die Gott heißt.
Gott kann Wege aus der Ausweglosigkeit weisen.
Er will das dunkle Gestern in ein helles Morgen verwandeln –
zuletzt in den leuchtenden Morgen der Ewigkeit.

Martin Luther King[1]

1
Ruhe im Sturm

Meine Seele ist stille zu Gott, der mir hilft.
Psalm 62,2

Im Urlaub zieht es uns immer wieder ans Meer. Das ist faszinierend: Kein Tag an der See gleicht dem anderen. Mal ist das Wasser aufgewühlt. Wild rollen die Wellen heran, brechen sich mit unzähligen Schaumkronen und klatschen ans Ufer. Mal ist die See kabbelig und unruhig, dann wieder glatt wie ein Spiegel.

Wie oft gleicht meine Seele einem unruhigen Meer. Wie oft bin ich selbst so aufgewühlt. Sorgenvolle Gedanken quälen mich und treiben mich um. Bis tief in die Nacht finde ich keinen Schlaf. Da steht die schwere Diagnose vor mir. Wird es Hilfe geben gegen die Krankheit? Gibt es eine Therapie? Werde ich durchkommen? Werde ich lebenslang mit Einschränkungen zu rechnen haben? Wird Gesundheit von nun an für mich ein Fremdwort sein? Sorgen überrollen mich wie Wellen. Sie lassen mich nicht ruhig werden. Ich kann versuchen, mich mit einem Hobby, einem guten Buch, einem Besuch abzulenken – aber ich finde nicht zur Ruhe. Immer wieder holt mich meine Not ein. Die fragenden, qualvollen Gedanken werfen mich hin und her wie Wellen ein Schiff im Sturm.

Die Jünger haben es damals auf dem wellengepeitschten See Genezareth leibhaftig erlebt. Urplötzlich standen die Zeichen auf Sturm. Die erfahrenen Seebären konnten dieser Gewalt nichts mehr entgegensetzen. Das Wasser schlug in haushohen Brechern ins Boot. Alles schien verloren. Nur Jesus schlief seelenruhig. Sie schrien ihn an: »Ist es dir egal, dass wir umkommen?« Und er stand auf. Er befahl Wind und Wellen Stille. Und der Wind legte sich.

Ich kann ihn auch so erleben. Jesus, den Helfer. Das bedeutet doch sein Name: Jeschua, Hilfe. Ihm darf ich meine Not hinschreien. Ihm bin ich nicht egal. Er setzt sich für mich ein. Jesus schafft Ruhe selbst im größten Sturm, Friede auch in der ärgsten Bedrohung. Weil er alle Macht hat, kann ihn nichts schrecken. Ein Wort von ihm und Wind und Wellen müssen sich legen. Ein Wort von ihm und Angst und Sorge müssen weichen. Ein Wort von ihm und meine aufgewühlte Seele findet zur Ruhe. Ich muss ihn nur in den Blick bekommen wie ein Kapitän, der in äußerster Seenot den Leuchtturm nicht aus den Augen lässt. Ich muss mich an ihn hängen, so wie sich ein Ertrinkender an den Rettungsring klammert. Jesus ist schon für mich im Einsatz. Er kann helfen, wo keiner mehr helfen kann. Das Unwetter legt sich, die Krankheit wird besiegt und kommt zum Stillstand. Oder aber – er bringt mich hindurch durch den Sturm. Ich gehe nicht unter mitten in der Angst. Ich erfahre Hilfe und werde endlich ruhig. Meine Seele wird still. Ich weiß es: »Er bringt mich doch zum Ziele auch durch die Nacht.« – Er, mein Helfer.

Herr, mache meine Seele still.
Bringe meine Gedanken zur Ruhe.
Lass mich dich vor Augen haben als meinen Helfer.

Aber der Herr

Aber der Herr ist immer noch größer,
größer, als ich denken kann,
er hat das ganze Weltall erschaffen,
alles ist ihm untertan.

Wellen der Angst kommen auf mich zu,
beklemmen und hemmen, nehmen mir die Ruh.
Angst vor dem Leben und der Einsamkeit,
dem Sterben, dem Alltag und der freien Zeit.

Wellen der Schuld überrollen mich,
bedrücken, blockieren und vermehren sich.
Schuld durch mein Handeln, Reden und mein Sein,
an Gott und dem Nächsten und an mir allein.

Wellen des Leides fesseln meinen Blick,
verdunkeln und lähmen, ziehen mich zurück.
Leid durch Entbehrung, Hoffnungslosigkeit,
durch Bosheit, durch Gräber und durch Krankheitszeit.

Wellen der Sorge strömen durch den Tag,
sie treiben und quälen, werden mir zur Plag.
Sorge ums Dasein, um das Lebensglück,
um Aufstieg und Ehre und um mein Geschick.

Durch alle Wellen trägt er mich an Land.
Geborgen, voll Freude fass ich seine Hand.
Ist auch das Brausen übermächtig groß:
Er geht auf den Wellen, und er lässt nicht los. [2]

Elisabeth und Gerhard Schnitter

Die Stillung des Sturmes – Markus 4,35-41

Und am Abend desselben Tages sprach er zu ihnen: Lasst uns hinüberfahren. Und sie ließen das Volk gehen und nahmen ihn mit, wie er im Boot war, und es waren noch andere Boote bei ihm. Und es erhob sich ein großer Windwirbel und die Wellen schlugen in das Boot, sodass das Boot schon voll wurde. Und er war hinten im Boot und schlief auf einem Kissen. Und sie weckten ihn auf und sprachen zu ihm: Meister, fragst du nichts danach, dass wir umkommen? Und er stand auf und bedrohte den Wind und sprach zu dem Meer: Schweig und verstumme! Und der Wind legte sich und es entstand eine große Stille. Und er sprach zu ihnen: Was seid ihr so furchtsam? Habt ihr noch keinen Glauben?

Sie aber fürchteten sich sehr und sprachen untereinander: Wer ist der? Auch Wind und Meer sind ihm gehorsam!

2
Zuhören

Wer mein Wort hört und glaubt dem,
der mich gesandt hat,
der hat das ewige Leben und kommt nicht in das Gericht,
sondern er ist vom Tode zum Leben hindurchgedrungen.

Johannes 5,24

Zuhörer sind gefragt. Wohl dem, der einen guten Zuhörer kennt, vor dem er seine Gedanken – egal, wie wirr und unsortiert – einfach einmal aussprechen kann. Einer, der mit großer Aufmerksamkeit und Anteilnahme zuhört, ohne zu kommentieren und Ratschläge zu geben. Ich brauche immer wieder solche Zuhörer. Dann ordnet sich bereits beim Erzählen und Reden meine Sichtweise. Ich finde aus Unentschlossenheit und Ratlosigkeit heraus. Ich erkenne, wo ich völlig falschliege. Im Wirrwarr meiner Gedanken taucht plötzlich ein guter Gedanke auf, auf den ich alleine nie gekommen wäre. Wo ich bedrückt war, werde ich zuversichtlich. In mein Unglück fällt ein Hoffnungsstrahl.

Wirklich zuhören können nur ganz wenige Menschen, aber Gott kann es. Er hört mit ganzer Konzentration und ungeteilter Aufmerksamkeit. Zu keiner Stunde ist er so beschäftigt, dass er nicht vollkommen Auge und Ohr für mich sein könnte. Und es wird gewiss geschehen, was er sagt: »Ehe sie rufen, will ich antworten; wenn sie noch reden, will ich hören« (Jesaja 65,24).

Aber nicht nur gute Zuhörer sind gefragt, auch zuhören ist gefragt. Doch das fällt uns oft so schwer. Ich nehme das akustische Signal wohl wahr, ich höre, aber ich höre nicht *zu*. Ich habe zu viel um die Ohren, zu viele Aufgaben, zu viele Termine, zu viel Arbeit. Vor lauter Nebengeräuschen durch Autolärm und Musikberieselung halte ich Stille kaum noch aus. Meine bedrückenden Gedanken und Gefühlen lärmen unentwegt und geben keine Ruhe. Dabei ist es heilsam, wenn es ruhig wird und ich zuhören kann: nicht irgendjemandem, sondern Gott selbst. Sein Wort gehört nicht ins Bücherregal, es gehört in mein Ohr und in mein Herz. Denn Gottes Wort baut mich auf und stärkt, ermahnt, korrigiert und tröstet. Mehr noch: Gottes Wort gibt Leben, darum ist es lebensgefährlich, Gott nicht zu hören. So wie es lebensgefährlich ist, wenn zum Beispiel das laute Signal eines Rauchmelders von den Hausbewohnern überhört wird.

Zeiten der Krankheit können zu Ruhezeiten werden, in denen ich neu auf Gott hören kann. Ich bin aus vielen Pflichten herausgenommen und in die Einsamkeit gestellt. Um zuhören zu können, muss ich äußerlich und innerlich die Stille suchen und mir Zeit nehmen. Es hilft mir, wenn ich mich dazu in einen ruhigen Winkel zurückziehe und vielleicht eine Kerze anzünde. Auf jeden Fall schalte ich das Telefon, das Radio oder den Fernseher aus. Störende Gedanken und Ängste schreibe ich auf einen Zettel und lege sie bewusst und betend weg. Dann schlage ich meine Bibel auf. Gott will mit mir reden. Ich kann hören, mein Herz öffnen für seine Lebensworte. In der Stille spricht Gott, er stärkt meinen Glauben und gibt mir Mut zum gehorsamen Handeln.

Herr, es tut mir gut,
über meine Probleme reden zu können.
Danke für jeden Menschen,
der Zeit und offene Ohren für mich hat.
Danke, dass du selbst mir zuhörst.
Ich will aber auch ganz bewusst und neu auf dich hören.
Schenke mir die nötige Ruhe dazu.

Stille vor dir, mein Vater

Stille vor dir, mein Vater.
Neue Stille vor dir suche ich, Herr.
Stille vor dir, ich höre.
Rühre mich an durch dein Wort.

Rede du, mein Vater, heute zu mir.
Worte der Wahrheit kommen von dir.
Rede du, mein Vater, heute zu mir.
Du willst mich beschenken.
Herr, hab' Dank dafür.

Stille vor dir ist Gnade.
Aus der Stille vor dir schöpfe ich Kraft.
Stille vor dir, ich höre.
Rühre mich an durch dein Wort.

Stille vor dir, will schweigen,
und ich öffne mein Herz
nun für dein Wort.
Stille vor dir, ich höre.
Rühre mich an durch dein Wort.

Stille vor dir ist Frieden.
Und ich staune, o Herr, reden wirst du.
Stille vor dir, ich höre.
Rühre mich an durch dein Wort. [3]

Carsten Groß

3
Gott sieht mich

Du bist ein Gott, der mich sieht.
1. Mose 16,13

Die Kinder spielen im Hof. Eines beginnt zu zählen und alle rennen davon, um sich die besten Verstecke zu sichern. Nur das Kleinste bleibt mitten im Hof stehen. Es hält sich die Hände vor das Gesicht und denkt: »Keiner sieht mich, keiner wird mich finden.«

Ich schmunzle über dieses kindliche Verhalten, aber ich finde mich auch selbst darin wieder. Da sitze ich, die Hände vors Gesicht geschlagen, weil mich das Entsetzen packt. Alles scheint mir aus den Händen zu gleiten – meine Gesundheit, meine Arbeit, meine Freunde, mein Leben – und ich denke: Keiner sieht mich!

Der Arzt sieht wohl meine Symptome, vielleicht erkennt er sogar Ursachen. Der Radiologe sieht tiefer. Er entdeckt auch nach außen hin verborgene Geschwüre. Aber keiner sieht, wie ich leide, keiner sieht, was mir im Tiefsten fehlt. Keiner sieht meine innere Not.

So dachte auch Hagar. Lange hat die Ägypterin ihrer Herrin Sara gedient. Nun soll sie auch noch als Leihmutter herhalten, damit sich endlich der lang ersehnte und von Gott versprochene Nachkomme einstellt. Als sich der Stammhalter ankündigt, ist Hagar stolz und wohl auch überheblich. Sara dagegen reagiert verletzt und eifersüchtig. Sie will gegen die Dienerin vorgehen. Ein Machtkampf beginnt. Doch Hagar nimmt Reißaus. Sie flieht in die Wüste. Was soll sie nur tun? Gibt es noch Zukunft für sie? Verzweiflung macht sich in ihr breit. Angst vor der Herrin und Wut streiten in ihr und keiner ist da, der ihr helfen könnte. Mutterseelenallein ist sie, fern der Heimat. Keiner sieht sie!

Doch – einer sieht! Gott selbst schaut Hagar an. Er ruft sie beim Namen. Er kennt sie. Er sieht ihr Fehlverhalten in ihrer

Überheblichkeit und hilft ihr, den nächsten Schritt zu sehen. Er sagt: »Es gibt eine Zukunft für dich, Hagar!« Hagar kann darüber nur dankbar staunen. Sie erkennt: »Du bist ein Gott, der mich sieht!«

Fasse ich das? Gott sieht mich! Für ihn bin ich nicht nur eine komplizierte Krankenakte. Für ihn bin ich eine wertvolle, geliebte Person. Gott sieht mich jenseits meiner Probleme, meiner Krankheit, meiner Schwierigkeiten. Ihm bin ich wichtig, unendlich wichtig! Kann ich das fassen?

Gott sieht mich an! Er sieht meine Krankheit, meinen Schaden, mein Entstelltsein. Er sieht noch tiefer. Er sieht meinen Seelenschaden, mein Versagen, meine Schuld. Müsste Gott nicht oft beschämt wegsehen? Nein, er sieht hin. Er korrigiert mich, er will mich zurechtbringen. Lasse ich mich darauf ein?

Gott sieht weiter! Vielleicht sehe ich in meiner Situation keine Zukunft mehr. Mir fehlt jede Perspektive. Die Hoffnung auf ein Morgen habe ich aufgegeben. Gott sieht weiter. Er schenkt mir Zukunft. Ja, mit ihm hat die Zukunft schon begonnen, denn er heilt meinen Seelenschaden. Er kümmert sich um meine Krankheitsnot. Er sieht mich an und er tut alles, um mich einmal in seiner ewigen Heimat zu sehen. – Welch eine Zukunft!

Herr, du siehst mich an mit deinen Augen der Liebe.
Dir bleibt nichts verborgen.
Du siehst, wie es um mich steht.
Ich danke dir, dass du dich heute um mich kümmerst.

Hagar und Ismael – 1. Mose 16,1-16

Sarai, Abrams Frau, gebar ihm kein Kind. Sie hatte aber eine ägyptische Magd, die hieß Hagar. Und Sarai sprach zu Abram: Siehe, der Herr hat mich verschlossen, dass ich nicht gebären kann. Geh doch zu meiner Magd, ob ich vielleicht durch sie zu einem Sohn komme. Und Abram gehorchte der Stimme Sarais. Da nahm Sarai, Abrams Frau, ihre ägyptische Magd Hagar und gab sie Abram, ihrem Mann, zur Frau, nachdem sie zehn Jahre im Lande Kanaan gewohnt hatten. Und er ging zu Hagar, die ward schwanger. Als sie nun sah, dass sie schwanger war, achtete sie ihre Herrin gering. Da sprach Sarai zu Abram: Das Unrecht, das mir geschieht, komme über dich! Ich habe meine Magd dir in die Arme gegeben; nun sie aber sieht, dass sie schwanger geworden ist, bin ich gering geachtet in ihren Augen. Der Herr sei Richter zwischen mir und dir. Abram aber sprach zu Sarai: Siehe, deine Magd ist unter deiner Gewalt; tu mit ihr, wie dir's gefällt. Als nun Sarai sie demütigen wollte, floh sie von ihr.

Aber der Engel des Herrn fand sie bei einer Wasserquelle in der Wüste, nämlich bei der Quelle am Wege nach Schur. Der sprach zu ihr: Hagar, Sarais Magd, wo kommst du her und wo willst du hin? Sie sprach: Ich bin von Sarai, meiner Herrin, geflohen. Und der Engel des Herrn sprach zu ihr: Kehre wieder um zu deiner Herrin und demütige dich unter ihre Hand. Und der Engel des Herrn sprach zu ihr: Ich will deine Nachkommen so mehren, dass sie der großen Menge wegen nicht gezählt werden können. Weiter sprach der Engel des Herrn zu ihr: Siehe, du bist schwanger geworden und wirst einen Sohn gebären, dessen Namen sollst du Ismael nennen; denn der Herr hat dein Elend erhört. Er wird ein wilder Mensch sein; seine Hand wider jedermann und jedermanns Hand wider ihn, und er wird wohnen all seinen Brüdern zum Trotz. Und sie nannte den Namen des Herrn, der mit ihr redete: Du bist ein Gott, der mich sieht. Denn sie sprach: Gewiss hab ich hier hinter dem hergesehen, der mich angesehen hat. Darum nannte man den Brunnen »Brunnen des Lebendigen, der mich sieht«. Er liegt zwischen Kadesch und Bered. Und Hagar gebar Abram einen Sohn, und Abram nannte den Sohn, den ihm Hagar gebar, Ismael. Und Abram war sechsundachtzig Jahre alt, als ihm Hagar den Ismael gebar.

4
Licht in dunkler Nacht

*Wenn ich auch im Finstern sitze,
so ist doch der Herr mein Licht.*

Micha 7,8

An einem zweiten Weihnachtsfeiertag erlebten wir einen Stromausfall. Es war später Nachmittag und draußen schon ziemlich dunkel. Wir saßen am weihnachtlichen Kaffeetisch. Auf einmal gingen die Deckenleuchte und alle Lichter aus. Auch auf den Straßen war es finster geworden. Zwanzig Minuten Dunkelheit. Jetzt wurde uns der Vorteil der Kerzenbeleuchtung bewusst: Unabhängig vom Stromnetz leuchteten die Kerzen weiter.

Wenn es um uns dunkel wird, ist es gut, den Herrn zu haben, der wie eine Kerze leuchtet. So erlebt es Israel. Finsternis ist ringsumher. Die Feinde wollen triumphieren, aber der Prophet warnt: »Freue dich nicht über mich, meine Feindin! Wenn ich auch darniederliege, so werde ich wieder aufstehen; und wenn ich auch im Finstern sitze, so ist doch der Herr mein Licht.« Auch wenn es für das Gottesvolk im Augenblick übel aussieht; so ist es doch nicht in einer Nacht ohne Licht verloren. Der Herr ist da. Der Herr macht es hell. Der Herr gibt seinen Lieben einen Hoffnungsschimmer ins Herz. Er schützt die Glaubensflamme auch in großer Finsternis. Er bewahrt auch in Dunkelheiten eine Gewissheit des Gehaltenseins. Das will ich mir merken und mir in den Augenblicken, in denen ich im Finstern sitze, neu bewusst machen. Genug Finsternis überfällt mich am helllichten Tage. Nachrichten aus aller Welt, aus Politik und Gesellschaft, aus meinem Bekanntenkreis und meiner Verwandtschaft gleichen oft einer dunklen, bedrückenden Wolke. Wie viel Dunkles gibt es. Seit der Nachricht von meiner schweren Erkrankung hat die Finsternis auch mich erreicht. Ich sitze mittendrin im Dunkel.

So wie die Jünger im Boot während der vierten Nachtwache. Sie kämpfen allein gegen den Wind. Sie mühen sich ab. Sie fühlen sich verloren. Da kommt Jesus. Er kommt über den See. Er geht auf dem Wasser. Wie konnten die Jünger ihn nur sehen? Es war doch finsterste Nacht? Es muss etwas Helles von ihm ausgegangen sein. Die Jünger erschraken darüber. Damit hatten sie nicht gerechnet. Er kommt näher: »Seid getrost, ich bin's, fürchtet euch nicht!«

Auch zu uns kommt Jesus. Er kommt unerwartet mitten hinein in unsere finsteren Stunden. Er bringt Helligkeit mit. Deshalb kann es in unserem Gesicht und in unserem Herz hell werden. Er fragt: Liebes Kind, was bedrückt dich? Du erlebst Widerstand und Mühe? Du bist völlig am Ende? »Sei getrost, ich bin's, fürchte dich nicht!« So sagt Jesus und steigt in unser Boot. Nacht ist es noch immer, aber das Licht ist jetzt bei uns. Jesus entzündet in uns das Licht des Glaubens und das Licht der Hoffnung. Eine brennende Kerze kann mich daran erinnern: »Wenn ich auch im Finstern sitze, so ist doch der Herr mein Licht.«

Jochen Klepper hat das verdichtet:

In jeder Nacht, die mich bedroht,
ist immer noch dein Stern erschienen.
Und fordert es, Herr, dein Gebot,
so naht dein Engel, mir zu dienen.
In welchen Nöten ich mich fand,
du hast dein starkes Wort gesandt.

Hat banger Zweifel mich gequält,
hast du die Wahrheit nie entzogen.
Dein großes Herz hat nicht gezählt,
wie oft ich mich und dich betrogen.
Du wusstest ja, was mir gebricht.
Dein Wort bestand: Es werde Licht!

In jeder Nacht, die mich umfängt,
darf ich in deine Arme fallen,
und du, der nichts als Liebe denkt,

*wachst über mir, wachst über allen.
Du birgst mich in der Finsternis.
Dein Wort bleibt noch im Tod gewiss.*[4]

*Herr, bleibe bei mir in den
Finsternissen meines Lebens.
Sende dein Licht.*

Licht in der Finsternis – Jesaja 9,1 und 5-6

Das Volk, das im Finstern wandelt, sieht ein großes Licht, und über denen, die da wohnen im finstern Lande, scheint es hell.

Denn uns ist ein Kind geboren, ein Sohn ist uns gegeben, und die Herrschaft ruht auf seiner Schulter; und er heißt Wunder-Rat, Gott-Held, Ewig-Vater, Friede-Fürst; auf dass seine Herrschaft groß werde und des Friedens kein Ende auf dem Thron Davids und in seinem Königreich, dass er's stärke und stütze durch Recht und Gerechtigkeit von nun an bis in Ewigkeit. Solches wird tun der Eifer des Herrn Zebaoth.

Herr Jesus Christus, Licht der Welt

Herr Jesus Christus, Licht der Welt,
voll Herrlichkeit und voller Pracht.
Du leuchtest aus der Ewigkeit zu uns
hinein in unsere Nacht.

Leuchte in unsere Herzen –
oft voller Dunkelheit.
Dein Licht gibt uns neue Klarheit
und deine Vergebung befreit.

Leuchte in unsere Häuser –
oft voller Zank und Streit.
Dein Licht heilt unsere Wunden
und macht zur Versöhnung bereit.

Leuchte in unsre Völker –
oft voller Hass und Leid.
Dein Licht erfüllt uns mit Hoffnung
für jetzt und am Ende der Zeit.[5]

Gerhard Schnitter

5
Felsenfester Halt

Denn es sollen wohl Berge weichen und Hügel hinfallen, aber meine Gnade soll nicht von dir weichen und der Bund meines Friedens soll nicht hinfallen, spricht der Herr, dein Erbarmer.

Jesaja 54,10

Die berühmten Kreidefelsen von Rügen sind in Gefahr, las ich. Jahr für Jahr bricht von diesen strahlend weißen Felsformationen an der Ostküste Deutschlands mehr weg. Die Hessigheimer Felsengärten, ein Kletterparadies für Freizeitsportler in unserer unmittelbaren Nachbarschaft hoch über dem Neckar gelegen, wurden im vergangenen Jahr mit aufwändigen Drahtgeflechten gesichert. Erdbeben auf der ganzen Welt beweisen, dass auch das massivste Gebirge vom Einsturz bedroht sein kann.

In guten Zeiten denken wir nicht darüber nach. Unser Leben erscheint uns solide, fest und gut gegründet. Doch dann kommt der Schicksalsschlag. Einem Erdbeben gleich bringt er unser fest gefügtes Lebenskonzept zum Einsturz. Gerade noch war ich aktiv und unabkömmlich in der Familie, im Beruf und im Ehrenamt. Plötzlich reißt mir die Krankheit den Boden unter den Füßen weg. Mein Terminkalender war angefüllt mit großen und kleinen Events und Aufgaben. Mit einem Mal muss ich den Rotstift ansetzen und stattdessen unzählige Arzttermine notieren. Bisher genoss ich einen fröhlichen Freundeskreis und eine große Familie. Doch jetzt sitze ich Seite an Seite mit vielen hoffenden und bangenden Schicksalsgenossen in dumpfen Wartezimmern. Ich fühle mich so herausgerissen aus dem Leben, reduziert auf meine Krankheit, auf meine Not.

Was bleibt mir jetzt noch, wenn die Gesundheit, die mir bislang nicht einmal ein Thema wert war, dahin ist? Was gibt mir

Halt und Sicherheit, wenn mein Leben mit einem Schlag so völlig anders aussieht? Meine Selbstsicherheit ist zerbrochen, denn mit dieser Kraftlosigkeit, mit unsäglicher Müdigkeit, mit Schmerzen und Panikattacken kenne ich mich bisher nicht. Zu allem Elend muss es mancher auch noch schmerzlich erleben, dass sich die Freunde zurückziehen und einen im Stich lassen. Vielen fällt es schwer, mit der Not eines anderen umzugehen und auch in krisengeschüttelten Zeiten treu zum anderen zu stehen.

Doch Gott sagt: Ich weiche nicht von dir, auch wenn alles um dich herum ins Wanken gerät. Ich bleibe dir nah mit meiner Gnade, auch wenn deine Selbstachtung am Boden ist. Ich stehe zu dir, auch wenn sich andere von dir abwenden. Auf mich kannst du dich felsenfest verlassen.

Noch nie ist Gott dem Elend unserer Welt ausgewichen. Mitten hinein zu den Kranken und Verachteten, mitten ins Zentrum des Bebens sandte er seinen Sohn. Er ließ ihn an der größten Katastrophe der Menschheit zu Bruch gehen. Aber Gott sprengte auch den Stein von seinem Grab und holte Jesus ins Leben zurück. Seither gilt: Mein Leben muss nicht zerbrechen. Gott reißt es aus der Gefahr heraus. Das ist Gnade. Eine Gnade, die niemals von mir weicht.

Herr, mein Leben wird von Krisen erschüttert.
Ich suche nach Halt, aber alles scheint mir zu entgleiten.
An dich will ich mich klammern.
Sei mir heute ein starker Fels.

Es mag sein, dass alles fällt

Es mag sein, dass alles fällt,
dass die Burgen dieser Welt
um dich her in Trümmer brechen.
Halte du den Glauben fest,
dass dich Gott nicht fallen lässt:
Er hält sein Versprechen.

Es mag sein, dass Trug und List
eine Weile Meister ist;
wie Gott will, sind Gottes Gaben.
Rechte nicht um Mein und Dein;
manches Glück ist auf den Schein,
lass es Weile haben.

Es mag sein, dass Frevel siegt,
wo der Fromme niederliegt;
doch nach jedem Unterliegen
wirst du den Gerechten sehn
lebend aus dem Feuer gehn,
neue Kräfte kriegen.

Es mag sein – die Welt ist alt –,
Missetat und Missgestalt
sind in ihr gemeine Plagen.
Schau dir's an und stehe fest:
nur wer sich nicht schrecken lässt,
darf die Krone tragen.

Es mag sein, so soll es sein!
Fass ein Herz und gib dich drein;
Angst und Sorge wird's nicht wenden.
Streite, du gewinnst den Streit!
Deine Zeit und alle Zeit
stehn in Gottes Händen.[6]

Rudolf Alexander Schröder, 1936

6
Getragen

*Da hast du gesehen, dass dich der Herr,
dein Gott, getragen hat, wie ein Mann seinen Sohn trägt.*

5. Mose 1,31

Sonntagsspaziergänge sind eine gute Sache, doch mit unseren fünf Kindern sind sie gelegentlich ein Belastungstest für die Nerven der Eltern. Schon die Wahl eines Zieles ist eine Herausforderung: fünf Kinder – zehn Meinungen. Hat man dann endlich alle so weit motiviert, die letzten Schuhe geschnürt und den Kleinsten in den Kinderwagen geschnallt, geht garantiert das Gezeter von vorne los: »Meine Beine tun weh. Ich will nicht laufen. Wie lange noch? Gehen wir endlich wieder heim?« Da hilft alles Reden und Argumentieren nichts. Der kleine Mann ist zumindest im Quengeln ausdauernd. Schließlich wird ausgehandelt: »Bis zur nächsten Wegbiegung, dann trägt dich dein Papa.« Und wenig später sitzt der Sohnemann stolz und strahlend auf Papas Schultern und lässt sich tragen. Wie gut, dass der Papa sich erbarmt hat.

Ein wunderschönes Bild: Der Vater trägt sein Kind. Gott selbst gebraucht dieses Bild. Bitte erinnere dich doch einmal an vergangene Zeiten!, sagt Gott. Der Blick zurück ist nicht immer gut, aber dankbares Erinnern ist wichtig und mutmachend. Deshalb malt Gott es seinem so sehr vergesslichen Volk vor Augen: Du hast es doch gesehen, du hast es erlebt: Auf deinem harten und beschwerlichen Weg heraus aus der Sklaverei und Unterdrückung in Ägypten, da habe ich dich getragen. Ich habe dich durch das Rote Meer getragen, als die Verfolger dir hart auf den Fersen waren. Ich habe dich durch die Wüste getragen, als Wasser und Brot knapp wurden und deine Kraft zu Ende ging. Ich habe dich mitten durch Feindesland getragen und keiner konnte

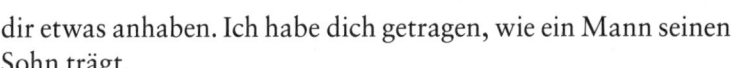

dir etwas anhaben. Ich habe dich getragen, wie ein Mann seinen Sohn trägt.

Gottes Wege mit mir sind keine Spazierwege. Sie sind oft anstrengend und unwegsam, steinig und steil, aber seine Arme sind stark. Wo ich nicht mehr weiter kann, da verspricht er, mich zu tragen. Ich sehe es aber oft erst, wenn ich innehalte und zurückschaue. Und ich stehe da und staune: Wie habe ich diese schwere Wegstrecke damals nur gemeistert? Wie konnte ich diesen Berg bezwingen? Wie bin ich durch das dunkle Tal hindurchgekommen? Und ich spüre: Da hat mich Gott getragen. Die Erinnerung an Gottes Tragen und an sein Ertragen in der Vergangenheit kann mir im Blick auf die Zukunft helfen. Dann kann ich auch den schweren Weg hoffnungsvoll unter die Füße nehmen, denn ich weiß: Gott trägt durch, so wie er mich bisher schon getragen hat.

Herr, meine Wege sind mir zu schwer geworden.
Ich bin am Ende. Ich schaffe es nicht mehr.
Trage du mich durch diese harten Tage auf deinen starken,
liebevollen Armen.

Fußspuren im Sand

Ich träumte eines nachts, ich ging am Meer entlang mit meinem Herrn. Und es entstand vor meinen Augen, Streiflichtern gleich, mein Leben. Für jeden Abschnitt, wie mir schien, entdeckte ich je ein Paar Schritte im Sand, die einen gehörten mir, die anderen meinem Herrn. Als dann das letzte Bild an uns vorbeigeglitten war, sah ich zurück und stellte fest, dass viele Male nur ein Paar Schritte im Sand zu sehen waren. Sie zeichneten die Phasen meines Lebens, die mir am schwersten waren. Das machte mich verwirrt, und fragend wandte ich mich an den Herrn:

»Als ich dir damals alles, was ich hatte, übergab, um dir zu folgen, da sagtest du, du würdest immer bei mir sein. Doch in den tiefsten Nöten meines Lebens sehe ich nur ein Paar Spuren im Sand. Warum ließest du mich gerade dann allein, als ich dich so verzweifelt brauchte?«

Der Herr nahm meine Hand und sagte: »Geliebtes Kind, nie ließ ich dich allein, schon gar nicht in den Zeiten, da du littest und angefochten warst. Wo du nur ein Paar Spuren im Sand erkennst, da habe ich dich getragen!«[7]

7
Nicht vergessen

Zion aber sprach: Der Herr hat mich verlassen,
der Herr hat meiner vergessen.
Kann auch eine Frau ihr Kindlein vergessen,
dass sie sich nicht erbarme über den Sohn ihres Leibes?
Und ob sie seiner vergäße,
so will ich doch deiner nicht vergessen.

Jesaja, 49,14-15

Was kann man nicht alles vergessen! Den Regenschirm im Wartezimmer, die Zahnbürste für den Urlaub, die Brille auf der Nase. Eine ältere Dame äußerte: »Oh, ich werde so vergesslich, dann muss ich so vieles suchen. Aber neuerdings vergesse ich sogar, was ich suchen wollte!« Der Mensch ist ein vergessliches Wesen. Meistens sind unsere Vergesslichkeiten nicht weiter schlimm. Der Regenschirm lässt sich wieder abholen. Was man nicht im Kopf hat, muss man eben in den Beinen haben. Eine Zahnbürste kann man heute nahezu überall kaufen. Die Brille auf der Nase fällt einem irgendwann wieder in die Hand.

Schlimmer ist: Ich vergesse den, der mich gemacht hat. Ich vergesse Gott, der mich als Gegenüber erdacht hat. Er wünscht sich eine innige Beziehung zu mir, aber ich wende ihm den Rücken zu. Ich vergesse, wie oft er mich schon beschenkt und wie viel Gutes er mir schon getan hat. Ich vergesse seine Gebote und Ordnungen und meine, ohne ihn auszukommen.

Wenn es mir aber schlecht geht, wenn ich durch Krisen gehen muss, wenn sich Probleme vor mir auftürmen und ich kein Licht am Ende des Tunnels mehr sehe, dann holt mich das Gefühl der Verlorenheit ein. Und ich klage Gott an. Ich meine, dass Gott mich vergessen hat. Er kümmert sich nicht um mich. Er lässt mich im Stich. Er hat sich von mir abgewandt.

Ich übersehe, dass Gott auf der Suche ist. Er sucht nach seinen vergesslichen Kindern. Vielleicht ist mein Problem, meine Krise oder meine Erkrankung ein Stolperstein, der mich zum Nachdenken bringen und mich wieder an ihn erinnern soll.

Aber der gnädige Gott zeigt auch Vergesslichkeit: Er vergisst meine Sünde, meine Auflehnung und meine Nichtachtung seiner guten Lebensordnungen, wenn ich zu ihm umkehre! Wenn ich mich ihm wieder zuwende und vor ihm ehrlich werde. »Ich, ich tilge deine Übertretungen um meinetwillen und gedenke deiner Sünden nicht« (Jesaja 43,25), sagt Gott. Gott vergisst meine Sünde. Aber nie, gar nie vergisst Gott mich als Person! So wie eine Mutter ihr Kind nicht vergessen kann, so vergisst Gott, mein himmlischer Vater, mich nicht – bis in Ewigkeit nicht.

Herr, der Zweifel hat mich im Griff und die Mutlosigkeit.
Ich meine, du hättest mich vergessen.
Du erinnerst mich daran,
dass du mich niemals vergisst.
Danke, Herr, dass du an mich denkst
wie ein Vater an sein geliebtes Kind.

Psalm 13

Hilferuf eines Angefochtenen

Herr, wie lange willst du mich so ganz vergessen?
Wie lange verbirgst du dein Antlitz vor mir?
Wie lange soll ich sorgen in meiner Seele
und mich ängsten in meinem Herzen täglich?
Wie lange soll sich mein Feind über mich erheben?
Schaue doch und erhöre mich, Herr, mein Gott!
Erleuchte meine Augen, dass ich nicht im Tode entschlafe,
dass nicht mein Feind sich rühme,
er sei meiner mächtig geworden,
und meine Widersacher sich freuen, dass ich wanke.
Ich aber traue darauf, dass du so gnädig bist;
mein Herz freut sich, dass du so gerne hilfst.
Ich will dem Herrn singen, dass er so wohl an mir tut.

8
Gott hat einen Weg

*Befiehl dem Herrn deine Wege und hoffe auf ihn,
er wird's wohl machen.*

Psalm 37,5

Ein Mann gerät mit vielen anderen Kameraden in russische Kriegsgefangenschaft. Überharte Arbeit, eine raue Behandlung und schlechte Ernährung bringen ihn an den letzten Rand seiner Lebenskräfte. Tief verzweifelt denkt er an Zuhause. Ein Überleben dieser Strapazen wird ihm immer unwahrscheinlicher. Schließlich ist er so zermürbt, dass er nicht mehr weiterkann. Ohne jede Hoffnung möchte er seinem Leben ein Ende machen. Es gibt eine einfache Art von Selbstmord. Man läuft in den Stacheldraht des Lagers und wird sofort von den Wachen erschossen. Der Mann geht langsam auf die Umzäunung zu. Da weht ihm der Wind ein Blatt Papier vor den Bauch. Eine Böe drückt das Papier an seinem Körper fest. Der Mann nimmt das Blatt und erkennt darin eine Seite aus dem Militärgesangbuch. Er nimmt die Seite in beide Hände und liest: »Befiehl du deine Wege und was dein Herze kränkt der allertreusten Pflege des, der den Himmel lenkt. Der Wolken, Luft und Winden gibt Wege, Lauf und Bahn, der wird auch Wege finden, da dein Fuß gehen kann.« Der Mann schreit im Gebet zu Gott: »Herr, wenn das wahr ist, dann zeige mir einen Weg hier heraus, mein Leben gehört dir.« Und Gott findet einen Weg und bringt ihn nach Haus. Dort hat er zur Ehre Gottes immer wieder dies Erlebnis erzählt.[8]

Den Lebensweg, der vor uns liegt, kennen wir nicht. Wir machen uns viele Gedanken über das, was kommt. Gedanken voller Sorge, voller Befürchtungen, voller Ängste. Werde ich mit dieser Krankheit leben können? Werde ich um eine Operation herumkommen? Werde ich noch einmal gute und fröhliche Tage sehen? Gerade wenn wir das Gefühl haben, wir müssten auf unserem Weg alleine zurechtkommen, werden solche Fragen zu einer großen Last. Nein, ruft der Psalmist David, ihr müsst mit eurem Lebensweg nicht alleine zurechtkommen. Der Herr ist dabei, der Gott der Väter, der tatkräftige Wegbegleiter! Wälze deinen Weg auf den Herrn und vertraue ihm, er wird's schon hinbringen, so steht hier wörtlich. Wälze deine Sorgen auf ihn ab. Sprich mit ihm über deine Befürchtungen. Vertraue ihm so gründlich, so innig, so herzlich, dass die Ängste weichen und dass du erleichtert wirst, zuversichtlich, hoffnungsvoll.

Es ist ein großes Lebensgeheimnis und Geschenk, dem lebendigen Gott so persönlich und so konkret vertrauen zu können, dass der eigene Lebensweg nicht mehr als zufälliger Schicksalsweg erscheint, sondern als Gottes Weg mit mir. Der große Gott kümmert sich um mich, leitet und schützt mich. Sodass ich meine Aufgabe bewältigen kann. Sodass ich mit Schwierigkeiten fertig werden kann. Sodass ich mit Freude und Dankbarkeit leben kann, vor allem aber mit der Gewissheit: Er wird's wohl machen mit mir, heute und auch morgen.

Herr, ich sehe keinen Weg durch
all meine Schwierigkeiten.
Leite du mich auf meinem Lebensweg.
Ich will dir vertrauen. Du hast versprochen,
du machst es gut.

Befiehl du deine Wege

Befiehl du deine Wege und was dein Herze kränkt
der allertreusten Pflege des, der den Himmel lenkt.
Der Wolken, Luft und Winden gibt Wege, Lauf und Bahn,
der wird auch Wege finden, da dein Fuß gehen kann.

Dem Herren musst du trauen, wenn dir's soll wohlergehn;
auf sein Werk musst du schauen, wenn dein Werk soll bestehn.
Mit Sorgen und mit Grämen und mit selbsteigner Pein
lässt Gott sich gar nichts nehmen, es muss erbeten sein.

Dein ewge Treu und Gnade, o Vater, weiß und sieht,
was gut sei oder schade, dem sterblichen Geblüt;
und was du dann erlesen, das treibst du, starker Held,
und bringst zum Stand und Wesen, was deinem Rat gefällt.

Weg hast du allerwegen, an Mitteln fehlt dir's nicht;
dein Tun ist lauter Segen, dein Gang ist lauter Licht;
dein Werk kann niemand hindern,
dein Arbeit darf nicht ruhn, wenn du,
was deinen Kindern ersprießlich ist, willst tun.

Ihn, ihn lass tun und walten, er ist ein weiser Fürst
und wird sich so verhalten, dass du dich wundern wirst,
wenn er, wie ihm gebühret, mit wunderbarem Rat
das Werk hinausgeführet, das dich bekümmert hat.

Mach End, o Herr, mach Ende mit aller unsrer Not;
stärk unsre Füß und Hände und lass bis in den Tod
uns allzeit deiner Pflege und Treu empfohlen sein,
so gehen unsere Wege gewiss zum Himmel ein.[9]

Paul Gerhardt

9
Bete zu Gott

*Ich schreie zum Herrn mit meiner Stimme,
ich flehe zum Herrn mit meiner Stimme.
Ich schütte meine Klage vor ihm aus und
zeige an vor ihm meine Not.*

Psalm 142,2

»Anruf genügt!«, titelt das Anzeigenblatt und listet Adressen von Handwerkern und Serviceleistern auf. Wir wissen Bescheid. Wenn ein Wasserrohrbruch das Haus flutet, alarmieren wir den Wasserinstallateur. Wenn die Telefonleitung defekt ist, versuchen wir, eine Störungsstelle zu erreichen. Wenn wir Geldangelegenheiten zu ordnen haben, nehmen wir Kontakt zu einem Finanzberater auf. Doch was ist, wenn unser Leben aus den Fugen gerät? Wenn unsere Zukunft verzweifelt dunkel aussieht? Wenn wir nicht mehr ein noch aus wissen? Wer ist dann die richtige Adresse? An wen kann man sich dann noch wenden?

Von König Hiskia berichtet uns die Bibel, dass er von den Assyrern bedrängt wurde. Nicht genug, dass er der aufsteigenden Weltmacht Tribut zahlen musste. Nein, sein Volk wurde mehr und mehr bedroht, so wie die Nachbarstaaten dem Erdboden gleichgemacht zu werden. Was tat Hiskia? Er ließ *nicht* seinen Krisenstab zusammenrufen. Er rief *nicht* seinen Schreiber, um ein Protestschreiben zu verfassen. Er beriet sich *nicht* mit seinem Finanzminister und versuchte, den Herrscher der Assyrer durch höhere Zahlungen zu besänftigen. Hiskia ging in den Tempel und breitete den Drohbrief vor dem Herrn aus. Er rief für sein Volk zu Gott. Er flehte den König aller Könige um Rettung an. Er betete.

Ich darf wissen: Gott ist die richtige Adresse für alle Not- und Lebenslagen. Ich habe das Recht, mit dem Allmächtigen zu reden, so wie ein Kind mit seinem Vater redet. Ja, Gott wartet darauf, von mir zu hören. Keine Sorge ist zu groß und kein Problem zu klein. Ihm kann ich davon berichten. Ich brauche keinen Formbrief, keine wohlgesetzten Gebetsworte, kein religiöses Pathos. Ich darf mit Gott so reden, wie mir gerade zumute ist. Ich darf schreien, flehen, klagen und auch jammern. Ich darf die ganze Not, die mich erfüllt und mir die Luft zum Atmen nimmt, vor Gott ausschütten. Mein Herz wird wieder leicht und frei, wenn ich mit Gott rede. Mein Mut beginnt zu wachsen, wenn ich meine Not vor ihm ausbreite. Ich weiß: Kein geringerer als der allmächtige Gott ist die richtige Adresse für meinen Notruf. Er wird sich um mich kümmern. *Anruf genügt.*

Herr, ich schreie zu dir.
Du wirst mich hören.
Du allein kannst mir helfen.
Höre mein Gebet.

Die Hände, die sich falten

Die Hände, die sich falten, ruhn von der Sorge aus.
Wer in die Stille eintritt, kommt von weit her nach Haus.
Die Hände, die sich falten, lässt Gott ganz ruhig sein.
Wenn du die Hände faltest, bist du nicht mehr allein.

Herr, lehr uns beten,
dass wir mit dir reden wie Kinder mit ihrem Vater.

Warum machst du dir Sorgen, wo du doch beten kannst
und damit, was dich umtreibt, aus deinem Herzen bannst.
Warum machst du dir Sorgen, wo Gott doch bei dir ist
und wo in seinem Lichte den neuen Tag du siehst.

Das Beten ist die Quelle für jedes rechte Tun.
So lass vor jeder Arbeit die Hände betend ruhn.
Das Beten ist die Quelle, aus der die Gnade quillt,
die durch der Beter Hände im Dienste sich erfüllt.

Die Hände, die sich falten, erschließen sich dem Leid.
Was im Gebet dir aufgeht, macht dir das Herz ganz weit.
Du lebst, wo Gott dich segnet, ja nie für dich allein.
Der Beter wird als Täter ein Zeuge Jesu sein. [10]

Johannes Jourdan

10
Gott hört und erhört

Als einer im Elend rief, hörte der Herr
und half ihm aus allen seinen Nöten.

Psalm 34,7

Was tun wir nicht alles mit unseren Händen: Wir schaffen und werken und spielen, wir heben sie zum Gruß oder ballen die Fäuste. Aber wie schwer fällt es uns, unsere Hände zu falten, zu beten und sie ruhen zu lassen zum Gespräch mit Gott. Wie schwer fällt mir das Eingeständnis, Hilfe nötig zu haben. Während meiner Krankheitszeit entschieden wir, eine Haushaltshilfe für das *bisschen Haushalt* zu engagieren. Das nagte an meinem Stolz. »Das muss ich doch selbst schaffen!«, dachte ich, aber es ging eben nicht. Um Hilfe zu bitten, kann schwerfallen, doch »Not lehrt beten«, sagt der Volksmund.

Tatsächlich sind es gerade Zeiten der Not und der Sorge, die mich lehren, regelmäßig und innig zu beten und die Nähe Gottes zu suchen. Dann gleicht mein Hilferuf an Gott einer Kapitulation. Ich bin an einem Punkt angekommen, an dem mein Fleiß und meine Fähigkeiten mir nichts mehr nützen. Nur ein Münchhausen konnte sich anscheinend an den eigenen Haaren aus dem Sumpf ziehen. Ich kapituliere vor dem Elend meines Lebens, aber zugleich kapituliere ich auch vor dem Herrn, der von sich sagen kann (Matthäus 28,18): »Mir ist gegeben alle Gewalt im Himmel und auf Erden.« Und so ist meine Kapitulation keine Selbstaufgabe, sondern eine kluge Lebensübergabe an diesen starken Herrn.

Ein ranghoher Militärbeamter erlebt es so. Was er befiehlt, wird gehorsamst ausgeführt. Alles hört auf sein Kommando. Doch dann erkrankt sein eigener Knecht. Obwohl er alles für ihn tut, was in seiner Macht steht, sind seine Möglichkeiten schnell ausgeschöpft. Er kann nicht helfen. Dieser Hauptmann tritt auf Jesus zu. Er bittet ihn um Hilfe. Er erbittet keinen Hausbesuch, keine medizinischen Ratschläge, keine Therapie. Er bittet: »Sprich nur ein Wort!« Dieser Offizier rechnet kühn. Wenn sein eigener Befehl einen Untergebenen in Bewegung versetzt oder seine Hundertschaft aufmarschieren lässt, dann genügt das Wort von Jesus und die Krankheit muss weichen. Welch ein Glaube! Welch ein Zutrauen! Gott belohnt es. Der Knecht wird gesund.

Warum nur sind unsere Bitten oft so mutlos und schwach? Die Vernunft redet in unser Gebet hinein. Der Zweifel fällt uns ins Wort. Wie dieser Offizier müssen wir mit Jesus rechnen, der der Herr über alle Mächte und Gewalten ist. Er kann alles. Meine Unmöglichkeiten sind seine Möglichkeiten. Wo ich am Ende bin, fängt er erst an. Und dieser gewaltige Herr hört mein elendes Schreien. Habe ich einen Grund, *nicht* zuversichtlich, mutig und erwartungsvoll um seine Hilfe zu bitten?

Herr, du hast alle Gewalt im Himmel und auf Erden.
Sieh meine große Not an und sprich nur ein Wort,
so erfahre ich Hilfe.

Der Hauptmann von Kapernaum – Matthäus 8,5-13

Als aber Jesus nach Kapernaum hineinging, trat ein Hauptmann zu ihm; der bat ihn und sprach: Herr, mein Knecht liegt zu Hause und ist gelähmt und leidet große Qualen. Jesus sprach zu ihm: Ich will kommen und ihn gesund machen. Der Hauptmann antwortete und sprach: Herr, ich bin nicht wert, dass du unter mein Dach gehst, sondern sprich nur ein Wort, so wird mein Knecht gesund. Denn auch ich bin ein Mensch, der Obrigkeit untertan, und habe Soldaten unter mir; und wenn ich zu einem sage: Geh hin!, so geht er; und zu einem anderen: Komm her!, so tut er's. Als das Jesus hörte, wunderte er sich und sprach zu denen, die ihm nachfolgten: Wahrlich, ich sage euch: Solchen Glauben habe ich in Israel bei keinem gefunden! Aber ich sage euch: Viele werden kommen von Osten und von Westen und mit Abraham und Isaak und Jakob im Himmelreich zu Tisch sitzen; aber die Kinder des Reichs werden hinausgestoßen in die Finsternis; da wird sein Heulen und Zähneklappern. Und Jesus sprach zu dem Hauptmann: Geh hin; dir geschehe, wie du geglaubt hast. Und sein Knecht wurde gesund zu derselben Stunde.

Vertrauen

Gott lässt den Menschen in Gefahr und Angst so tief fallen,
dass kein Rat und Hilfe mehr da ist.
Doch will er, dass wir nicht zweifeln,
sondern dem vertrauen sollen,
der aus etwas Unmöglichem ein Mögliches
und aus nichts etwas machen kann.
Wenn du zur Hölle hinuntergeführt bist,
sollst du glauben, dass es der Herr ist,
der wieder heilen und gesund machen kann.

Martin Luther

11
Gottes Gnade genügt

Lass dir an meiner Gnade genügen;
denn meine Kraft ist in den Schwachen mächtig.

2. Korinther 12,9

Und wenn Gott auf mein Gebet hin schweigt? Oder wenn er gar mit »Nein« antwortet? Paulus berichtet von dieser Erfahrung. Wir halten ihn ja für den großartigen Theologen, den brillanten Redner und den zähen Missionar, der – immer unterwegs für Gott – viel für die Ausbreitung des Christentums getan hat. Heute wäre er vielleicht nicht einmal als Pfarrer angestellt worden. Paulus war eigentlich nur schwer belastbar, geplagt von körperlichen Beschwerden, zermürbt von tiefsten seelischen Anfechtungen. Paulus – der Kleine, der Schwächling? Paulus wendet sich mit seiner Not an seinen Herrn. Er fleht ihn um Heilung und Befreiung an. Könnte er Gott als Gesunder nicht noch vollmächtiger dienen? Paulus betet einmal und ein zweites Mal, aber Gott antwortet nicht. Erst beim dritten Mal gibt Gott ihm deutlich Antwort: Meine Gnade ist genug für dich!

Bei Gott gelten andere Maßstäbe. Bei uns heißt es: »Nur keine Schwäche zeigen!« Leistung wird erwartet, stetige Gewinnsteigerung wird verlangt. Immer schneller, höher, weiter, schöner, klüger wollen wir sein. Gefragt ist, wer erfolgreich, dynamisch, jung und attraktiv auf der Karriereleiter nach oben klettert.

Gott aber wählt den Schwachen, den Unzureichenden, den Kranken. Warum? Warum wählt er sich einen Paulus?

Gott freut sich an unseren Gaben und Fähigkeiten. Er hat sie uns ja geschenkt. Aber an unserer Schwäche beweist Gott seine Kraft. An unserer Unfähigkeit zeigt Gott, was er kann. Seine Kraft kommt zum Zug, wo wir schwach sind. Stehen wir ihm sonst nicht allzu oft mit unserem starken Selbstvertrauen, unserer Selbstbehauptung und Selbstsucht im Weg?

»Unsere Zeit leidet an verkleinerten Vorstellungen von Gott. Es ist so, als sähen wir durch die verkehrte Seite eines Fernglases. Da erscheint unser Können unbegrenzt, und Gott ist fern und klein, für manchen schon nicht mehr zu erkennen«, formuliert Corrie ten Boom.

Wenn nun unser Können durch Krankheit und Leiden, durch Misserfolg oder fehlende Anerkennung eingeschränkt wird, dann werfen wir enttäuscht das Handtuch und resignieren. Es gilt, das Fernglas umzudrehen und richtig sehen zu lernen: weg von mir selbst, hin zu Gott. Da verliert mein Elend an Bedeutung und Gott wird groß, der mächtig ist. So mächtig, dass er all meine Schwachheit in Stärke verwandeln kann. Ich kann ihm trotz meiner Einschränkungen dienen: vielleicht durch das Gebet für andere, durch ein Zeugnis von seiner erlebten Hilfe oder durch ein Gespräch. Wo ich schwach und hinfällig bin, ist Gott mit seiner Kraft da. Er, der Allmächtige, neigt sich zu mir herab und schenkt mir seine Gnade. Sich völlig an Gott zu hängen und von ihm abhängig zu sein, daraus wächst Segen.

Großer, starker Gott, ich leide an meiner Schwäche.
Beweise an mir deine Kraft.
Lass mich erleben,
dass es genügt, wenn ich nur dich habe.

Füße oder Flügel?

Im Mai 1925 wurde Mary Verghese in Südindien geboren. Mit ihrer Familie gehörte sie der syrischen Kirche an, die einer Überlieferung zufolge auf das missionarische Wirken des Apostels Thomas zurückgehen soll. Mary war ein aufgewecktes Mädchen, das mit Bravour die Schule meisterte und bald schon ein Talent für Mathematik und Naturwissenschaften entwickelte. Unterstützt von ihren Eltern, besuchte sie das College und studierte schließlich Medizin im Christian Medical College in Vellore. Mit großem Erfolg legte sie ihr Examen ab und wurde an die Universität in Madras berufen. Doch dann wurde sie bei einem Ausflug mit jungen Kollegen in einen schweren Autounfall verwickelt. Sie überlebte querschnittsgelähmt. Lange versuchte man alles für ihre Wiederherstellung. Viele beteten mit ihr, doch das Wunder blieb aus. Obwohl sie es fertigbrachte, nach außen ein heiteres Gesicht zu zeigen, war sie innerlich weit davon entfernt. Die quälendste Folge war für sie die Abhängigkeit von anderen. Wie stolz war sie auf ihre Gesundheit, Sportlichkeit und Intelligenz gewesen. Nun aber hatte sie über viele Körperfunktionen keine Kontrolle mehr. Eisern trainierte sie ihr physiotherapeutisches Programm. Doch was nutzte es ihr, nur noch ihren Verstand und ihre Hände zu haben? Heimlich weinte und betete sie oft: »Nimm mein Leben, es sei dein, lass dir's ganz geheiligt sein! Nimm dir hin all meine Zeit, dir sei sie zum Preis geweiht! Nimm die Hände, dass sie sich regen nur in Lieb' für dich!« Und dann schenkte ihr Gott einen Blick für die vielen Leprapatienten, die sie von ihrem Krankenzimmer aus beobachten konnte. Viel zu wenige Ärzte kümmerten sich um diese Verachteten. Schließlich beschloss sie – sich ihrer Grenzen und Schwierigkeiten wohl bewusst –, dort zu helfen. Und sie schaffte es. Den vielfach beeinträchtigten Leprakranken wurde sie, die Gelähmte, zum Ansporn. Mit großem Geschick führte sie komplizierte Handoperationen durch, die den Kranken halfen, ihre verstümmelten Hände wieder zu gebrauchen und nach ihrer Heilung Arbeit zu finden. Mary bildete sich im Ausland über Fragen der Rehabilitation fort und gründete die erste Rehabilitationsabteilung in Indien.

Überzeugt von dem, was Gott aus Schwachheit und Behinderung machen kann, sagte sie: »Um Füße bat ich und er gab mir Flügel!«[11]

12
Allezeit loben

Ich will den Herren loben allezeit,
sein Lob soll immerdar in meinem Munde sein.

Psalm 34,2

So verschieden der Mensch, so verschieden sein Umgang mit Schwierigkeiten. Der eine überspielt seine Probleme und setzt eine zuversichtliche Miene auf. Über Leiden und Schmerzen spricht er nicht. Vielleicht will er die Not nicht recht wahrhaben. Der andere fügt sich still in sein Schicksal. Geduldig lässt er alles über sich ergehen. Auf die Frage, wie es ihm geht, antwortet er höflich ausweichend. Er will sich nicht zum Thema machen. Die Not frisst er aber in sich hinein. Wieder ein anderer dreht sich ganz um seine Krankheit. Er vertieft sich in seine Krankenakte und erzählt ausführlich von seinem Erleben. Geduldige Zuhörer helfen ihm, das Unheimliche an seiner Erkrankung zu bannen. Der Nächste schließlich verbittert. Laut klagt und hadert er mit seinem Schicksal. Voll Wut erklärt er der Erkrankung den Krieg und kämpft um sein Leben.

Einzigartig, wie Paulus und Silas mit ihrer Notlage umgingen. Nach der Heilung einer okkult Belasteten in Philippi waren sie unter der schadenfeinigen Anklage, Aufruhr zu stiften, vor Gericht geschleppt worden. Schnell war das Volk aufgewiegelt und wandte sich ebenfalls gegen die beiden Missionare. Ohne ordentliches Verfahren wurden sie gefoltert und im Hochsicherheitstrakt des Gefängnisses inhaftiert. Da saßen sie nun ohne Hoffnung, mit schmerzenden Wunden. Die Stunden zerrannen. Doch um Mitternacht, als die Dunkelheit in ihnen und um sie herum am größten war, begannen sie zu beten, zu singen und zu loben. Zuerst vielleicht nur leise und zaghaft, doch dann laut und deutlich, sodass jeder sie hören konnte. Trotzig sangen sie gegen die Angst, gegen die Verzweiflung und gegen die tiefe Hoffnungslosigkeit an. Sie sangen so, wie meine Kinder laut singen, wenn sie in den finstern Keller hinuntersteigen müssen. So habe ich selbst in meinem Herzen gesungen in den sich ewig hinziehenden Minuten in der Kernspinröhre. So haben die schwarzen Sklaven Amerikas, obwohl sie unterdrückt wurden, jubelnd von der Freiheit der Kinder Gottes gesungen.

Das Lob Gottes aus der Tiefe hat eine verändernde Kraft. In Philippi stürzten die gewaltigen Gefängnismauern durch ein plötzliches Erdbeben ein. Wenn ich Gott lobe und ihm singe, lasse ich zunächst einmal alles, was mich bedrängt, hinter mir. Aus meiner Not werden Noten zum Lob Gottes. Ich schaue von dem, was mich gefangen nimmt und einengt, weg. Nicht mehr die kalten Gefängnismauern der Angst und der Verzweiflung starren mich an. Ich sehe Jesus, der Todesmauern durchbrochen hat. Die Auswegslosigkeit fesselt mich nicht mehr. In mir erklingt ein Lied über die Größe und Macht Gottes. Ich erkenne seine Treue zu mir. Ich lobe Gottes Weisheit, mit der er die Welt und mein Leben auch mitten durch die Tiefe lenkt. So ist das Lob aus der Tiefe wohl der herrlichste Klang, der zum Himmel dringt.

Mein Herr und mein Gott, du hast alle Macht.
Mauern aus Angst, Sorge und Schuld
gehen zu Bruch, wenn du es befiehlst.
Du bist hoch erhaben, und doch
erbarmst du dich über mich.
Dich will ich loben und dir singen.
Dir gehört alle Ehre.

Paulus und Silas im Gefängnis – Apostelgeschichte 16,23-40

Nachdem man sie hart geschlagen hatte, warf man sie ins Gefängnis und befahl dem Aufseher, sie gut zu bewachen. Als er diesen Befehl empfangen hatte, warf er sie in das innerste Gefängnis und legte ihre Füße in den Block. Um Mitternacht aber beteten Paulus und Silas und lobten Gott. Und die Gefangenen hörten sie. Plötzlich aber geschah ein großes Erdbeben, sodass die Grundmauern des Gefängnisses wankten. Und sogleich öffneten sich alle Türen und von allen fielen die Fesseln ab. Als aber der Aufseher aus dem Schlaf auffuhr und sah die Türen des Gefängnisses offen stehen, zog er das Schwert und wollte sich selbst töten; denn er meinte, die Gefangenen wären entflohen. Paulus aber rief laut: Tu dir nichts an; denn wir sind alle hier! Da forderte der Aufseher ein Licht und stürzte hinein und fiel zitternd Paulus und Silas zu Füßen. Und er führte sie heraus und sprach: Liebe Herren, was muss ich tun, dass ich gerettet werde?

Sie sprachen: Glaube an den Herrn Jesus, so wirst du und dein Haus selig!

Und sie sagten ihm das Wort des Herrn und allen, die in seinem Hause waren.

Und er nahm sie zu sich in derselben Stunde der Nacht und wusch ihnen die Striemen. Und er ließ sich und alle die Seinen sogleich taufen und führte sie in sein Haus und deckte ihnen den Tisch und freute sich mit seinem ganzen Hause, dass er zum Glauben an Gott gekommen war.

Als es aber Tag geworden war, sandten die Stadtrichter die Amtsdiener und ließen sagen: Lass diese Männer frei! Und der Aufseher überbrachte Paulus diese Botschaft: Die Stadtrichter haben hergesandt, dass ihr frei sein sollt. Nun kommt heraus und geht hin in Frieden! Paulus aber sprach zu ihnen: Sie haben uns ohne Recht und Urteil öffentlich geschlagen, die wir doch römische Bürger sind, und in das Gefängnis geworfen, und sollten uns nun heimlich fortschicken? Nein! Sie sollen selbst kommen und uns hinausführen!

Die Amtsdiener berichteten diese Worte den Stadtrichtern. Da fürchteten sie sich, als sie hörten, dass sie römische Bürger seien, und kamen und redeten ihnen zu, führten sie heraus und baten sie, die Stadt zu verlassen. Da gingen sie aus dem Gefängnis und gingen zu der Lydia. Und als sie die Brüder gesehen und sie getröstet hatten, zogen sie fort.

Ich lobe dich, Herr, errettet durch deine Barmherzigkeit.
Ich lobe dich, Herr, regiert durch deine Weisheit.
Ich lobe dich, Herr, beschirmt durch deine Macht.
Ich lobe dich Herr, geheiligt durch deine Gnade.
Ich lobe dich, Herr, erhöht durch deine Güte.

Mechthild von Magdeburg

13
Gottes Geist hilft

*Desgleichen hilft auch der Geist unserer Schwachheit auf.
Denn wir wissen nicht, was wir beten sollen,
wie sich's gebührt; sondern der Geist selbst
vertritt uns mit unaussprechlichem Seufzen.*

Römer 8,26

Luther schreibt von der Wartburg an den Hofprediger Spalatin: »Bete ja für mich, das allein tut mir not, alles andere habe ich im Überfluss. Was über mich in der weiten Welt verbreitet wird, kümmert mich nicht. Ich sitze endlich einmal in Ruhe. Lebe wohl im Herrn und grüße die, bei denen es angebracht ist.«[12] Ein starker Glaube spricht aus den Briefen und Schriften des Reformators. Doch eben der berühmte Glaubensstarke weiß allzu gut um seine Glaubensschwäche. Offen spricht er von seinen schwachen Stunden, in denen unglaublich gottlose Gedanken über ihn herfallen, in denen es in seinem Herzen finster aussieht und Gott in weite Ferne gerückt scheint. Dann müssen die Freunde auf dem Posten sein. Dann braucht Luther Menschen, die beten können. Dann müssen ihm die Fürbitten der Brüder zu Schutzschildern und Leibwächtern werden.

Solche Augenblicke, in denen man auf fremde Hilfe angewiesen ist, weil der eigene Glaube hilflos am Boden liegt, scheint auch der Apostel Paulus zu kennen. Auch er: kein routinierter Glaubensprofi, kein Supermann des geistlichen Lebens, kein christlicher Überflieger, bei dem alles glattläuft. Nein, auch Paulus ist manchmal am Einknicken, schwach im Glauben, unsicher beim Beten. Doch er kennt einen, der ihn nicht im Stich lässt, wenn alle Stricke zu reißen drohen. »Der Geist hilft unserer Schwachheit auf. Denn wir wissen nicht, was wir beten sollen, wie sich's gebührt; sondern der Geist selbst vertritt uns mit unausprechlichem Seufzen.« Gerade um die innerlich Schwachen kümmert sich der Heilige Geist. Um die, die nicht mehr wissen, worum sie eigentlich beten sollen. Wenn doch eigene Lebenspläne immer wieder hinfällig werden und der Einblick in Gottes besseren Plan fehlt! Zu den Schwachen beugt sich der Heilige Geist herunter, wie Jesus sich den Gelähmten und den Dauerkranken zuneigte: Der eine ist zur Zeit zu nervös und zu unruhig, um beten zu können. Der andere fühlt sich zu schlecht zum Beten, weil er sich nicht einmal ein Vaterunser lang konzentrieren kann. Der Dritte ist einfach zu erschöpft und zu müde zum Beten. Der Vierte hat keine Lust mehr zum Beten, weil Gott ihn enttäuscht hat. Der Heilige Geist stellt sich an die Seite von uns Gebetsmüden und Gebetsunfähigen. Wie eine Gemeindeschwester, die zu der entkräfteten alten Dame im Bett sagt: »Sie möchten gerne beten, schaffen es aber nicht alleine, nicht wahr? Keine Sorge, ich bete für Sie und mit Ihnen.« Die erschöpfte alte Dame braucht nur still dazuliegen und zu lauschen und sich innerlich von den lauten Gebetsworten der Gemeindeschwester tragen zu lassen.

Als Gebetshelfer, der stellvertretend für uns und unterstützend mit uns betet, erneuert der Heilige Geist immer wieder den Kontakt zu Gott. Durch »unaussprechliche Seufzer«, durch leidenschaftliche Anrede in himmlischer Sprache, fesselt er Gottes Aufmerksamkeit für unser kleines, armseliges Leben. Was uns quält, was uns fehlt, was uns umtreibt – trägt unser persönlicher Fürsprecher in einem Spitzengespräch mit dem Herrn des Lebens vor. Ausgerüstet mit höherer Einsicht in unvermeidbare Kreuzwege und dunkle Täler, vollkommen sicher in der Kunst, mit Gott zu reden, »wie sich's gebührt«. Wir brauchen nur still zu werden und daran zu denken, dass sich jener echte Freund mit hervorragenden Verbindungen und mächtigem Einfluss auch heute um unsere Bekümmernisse kümmert. Nicht einmal ein schönes, kräftiges Gebet, das sich hören lassen kann, wird uns abverlangt, keinerlei fromme Leistung. Vielleicht entfährt uns nur noch ein ehrliches »O Gott«; oder ein kurzer Gebetsruf: »Herr, erbarme dich!« – »Mein Gott, was soll ich tun?« – »Du hast mich beim Namen gerufen, ich bin dein.« Der Heilige Geist transportiert unsere Seufzer und legt es uns ins Herz: Du darfst gewiss sein, dass dich weder Tod noch Leben, weder Engel noch Mächte noch Gewalten scheiden können von der Liebe Gottes, die in Christus Jesus ist, deinem Herrn. Der Geist hilft unserer Schwachheit auf.

Herr, es ist gut zu wissen, dass dein Geist für mich eintritt,
wenn ich zu schwach bin, um zu beten.
Danke, dass nichts mich von deiner Liebe trennen kann.
Danke für dein großes Erbarmen.

Der Geist hilft unserer Schwachheit auf

Der Geist hilft unserer Schwachheit auf,
der Geist, den Christus sendet.
Er sucht die geistlich Schwachen auf,
der Gott, der sich zuwendet.
Für uns fleht er den Vater an
um Hilfe und um Segen;
bewegt den, der doch alles kann;
befreit zu Hoffnungswegen.

Wenn uns der Mut entsinken will vor lauter Schwierigkeiten.
Wenn Beten einfach nicht mehr geht in bittern, dürren Zeiten.
Dann lässt uns einer nicht im Stich; der Helfer der Betrübten;
spricht unaussprechlich gut für uns, die doch von Gott Geliebten.

Wenn unser Weg durchkreuzt erscheint, verbaut von Widrigkeiten.
Wenn das Erwünschte nicht geschieht, die Ziele uns entgleiten.
Dann hat Gott dennoch Gutes vor
und alles muss dem dienen.
So lehrt er, der uns trösten kann,
obwohl wir trostlos schienen.

Wenn vieles uns nach unten zieht, wenn Menschen Würde rauben.
Dann würdigt uns der Christusgeist und hilft uns neu zu glauben:
dass wir erwählte Kinder sind,
die neben Jesus stehen,
beglänzt von seiner Herrlichkeit.
Im Himmel wird man's sehen.

Tobias Eißler[13]

14
Von Gott geliebt

Weil du in meinen Augen so wert geachtet und auch herrlich bist und weil ich dich lieb habe.

Jesaja 43,4

Kleopatra wettete mit dem römischen Feldherrn Marcus Antonius, sie könne ihm das wertvollste Festessen aller Zeiten zubereiten. Antonius war verblüfft, als er nur leere Teller und zwei Gläser mit Wein bei diesem Festessen vorfand. Die Königin nahm eine der beiden Perlen ihrer Ohrringe, löste sie in ihrem Glas Wein auf und trank es aus. Dann reichte sie Marcus Antonius die zweite Perle, der aber gab sich geschlagen.

Echte Perlen sind ungeheuer wertvoll, aber sie vertragen keine Säure. Die schönsten Perlen wachsen in wild lebenden Muscheln heran. Oft wissen nur einheimische Perlentaucher, wo man diese Muscheln finden kann. Perlenkaufleute spüren die oft sehr verdreckten, kleinen Kostbarkeiten in den armseligen Hütten auf und bieten viel Geld, denn die Besitzer trennen sich nur ungern von ihren Schätzen. Dann werden die Perlen gereinigt und poliert, wodurch sie ihren einzigartigen Glanz erhalten. Jetzt erst wird ihr Wert sichtbar.

»Du bist wertvoll, herrlich und kostbar!«, sagt Gott. Kostbar wie ein Perle.

Unsere Meinung über uns selbst sieht oft ganz anders aus. Die alte schwermütige Dame, einst eine fleißige Bäuerin, klagt immer wieder: »Ich bin gar nichts wert. Ich kann gar nichts mehr.« Der aufgrund einer Erkrankung frühpensionierte Mann sagt: »Ich bin der Gesellschaft nur noch eine Last.« Ich selbst erinnere mich, wie ich während meiner Chemotherapie morgens vor dem Spiegel stand und meinem blassen und haarlosen Spiegelbild sagte: »Du bist völlig am Ende.« Wir reden es uns selbst ein: Ich bin wertlos. Mich braucht keiner mehr! Ich bin nur noch eine Last! Keiner liebt mich. Keiner findet mich attraktiv. Und mit diesen Einreden schwindet all unsere Selbstachtung. Wir meinen, weil wir uns minderwertig fühlen, seien wir es auch.

Gott sagt: Du bist wertvoll, herrlich und kostbar. Lasse ich mir das sagen? Für Gott bin ich wertvoll, auch dann, wenn ich mich selbst wertlos fühle. Für Gott bin ich herrlich, auch dann noch, wenn ich nichts mehr leisten kann, wenn ich in der höchsten Pflegestufe angekommen bin. Gott liebt mich. Für ihn bin ich kostbar wie eine Perle. Er hat mich doch gemacht. Er hat mich als sein Gegenüber erdacht. Ich bin seine Idee, von ihm gewollt von Anfang an. Auch über mich sagte er einst das Urteil: sehr gut.

Und Gott hat unglaublich viel in mich investiert: Sein einziger, geliebter Sohn Jesus Christus ist der Kaufpreis für mich. Alles hat er für mich drangegeben, weil er mich lieb hat. Meine Wunden und meine Narben können mir den Wert nicht nehmen, den ich für Gott habe. Meine Krankheit ändert nichts an meiner Kostbarkeit für Gott. Trotz Behinderung und Schwäche bin ich in Gottes Augen herrlich. Liebevoll will er sich meiner annehmen. Er will all den Schmutz meines Lebens abwaschen und den Glanz wieder zum Vorschein bringen. Wenn ich Gott an mir wirken lasse, gewinne ich wieder Selbstachtung und ich werde den lieb gewinnen, der zu mir sagt: Ich habe dich lieb.

Ich stehe staunend vor deiner unfassbaren Liebe,
mein Gott.
Bei dir bin ich geborgen.
Dir will ich danken, weil du mich liebst.

Du bist Gottes Liebe

Du bist Gottes Liebe auf den ersten Blick.
Er hält dir die Treue. Was hält dich zurück?

Du bist Gottes Wunschkind. Schön, dass es dich gibt.
Herrlich, wie der Herr dich über alles liebt.

Du bist Gottes Perle. Er verliert dich nicht.
Er sorgt für dein Leben, dass es nicht zerbricht.

Gott ist kein Gedanke. Gott ist kein Prinzip.
Gott ist ja dein Vater, Vater hat dich lieb.[14]

Theo Lehmann/Jörg Swoboda

Psalm 139,13-18

Denn du hast meine Nieren bereitet
und hast mich gebildet im Mutterleibe.
Ich danke dir dafür, dass ich wunderbar gemacht bin;
wunderbar sind deine Werke; das erkennt meine Seele.
Es war dir mein Gebein nicht verborgen,
als ich im Verborgenen gemacht wurde,
als ich gebildet wurde unten in der Erde.
Deine Augen sahen mich, als ich noch nicht bereitet war,
und alle Tage waren in dein Buch geschrieben,
die noch werden sollten und von denen keiner da war.
Aber wie schwer sind für mich, Gott, deine Gedanken!
Wie ist ihre Summe so groß!
Wollte ich sie zählen, so wären sie mehr als der Sand:
Am Ende bin ich noch immer bei dir.

15
Herzenssache

*Es ist das Herz ein trotzig und verzagt Ding,
wer kann es ergründen?*

Jeremia 17,9

Kennen Sie das auch? Ich bin innerlich herausgefordert. Die tägliche Sorge treibt mich um. Die Not meiner Krankheit droht mir über den Kopf zu wachsen und plötzlich ist die ganze Atmosphäre vergiftet. Ich schaffe es nicht mehr, meinem Mann und meinen Kindern freundlich zu begegnen. Die Unzufriedenheit mit mir selbst macht mich gereizt. Meine Ungeduld lasse ich an den Ärzten und Pflegern aus. Meine Verzweiflung bekommt mein Gegenüber zu spüren. Ich bin einfach unausgeglichen. Im nächsten Augenblick bin ich über mein ungerechtes Verhalten anderen gegenüber, das meine eigene innerste Not widerspiegelt, zutiefst erschrocken. Da zeigt sich mir der Abgrund meines Herzens und dieser ehrliche Blick in die eigene Tiefe tut ungemein weh.

Der Prophet Jeremia kennt die tiefen Abgründe unseres Herzens. Trotzig und verzagt nennt er das menschliche Herz. Da kommt die ganze Spannweite unserer innersten Regungen zum Ausdruck. Mal handeln wir hochmütig, lehnen uns auf und sind voll von falschem Stolz. Dann wieder ziehen wir uns ängstlich zurück, fühlen uns wertlos und minderwertig. In guten Zeiten habe ich mich einigermaßen im Griff, wenn aber der Druck von außen zunimmt, treten meine Schwächen und Fehler wieder offen zutage. Zwar versuche ich, mich mit meiner gegenwärtigen Situation wortreich zu entschuldigen, aber in mir bleibt die tiefe Enttäuschung über mich selbst. Ich klage mich selbst an. So will ich doch nicht sein, reagieren und handeln! In diesen Augenblicken berührt mich immer wieder ein Vers aus dem Johannesbrief: »Wenn unser Herz uns verdammt, ist Gott größer als unser Herz und erkennt alle Dinge« (1. Johannes 3,20). Ich atme auf. Gott kennt meine Probleme. Er kennt den Druck, der auf mir lastet. Gott kennt meine Anfechtungen, meine Abgründe und die vielen kleinen Stolpersteine. Mein mir selbst oft so unerklärliches Herz ist vor ihm klar. Doch obwohl Gott mein Herz so genau kennt, verdammt er mich nicht. Ihm kann ich mein hartes Herz in die Hand geben. Er erbarmt sich darüber. Er will mir ein neues Herz schenken. »Ich will ihnen ein anderes Herz geben und einen neuen Geist in sie geben und will das steinerne Herz wegnehmen aus ihrem Leibe und ihnen ein fleischernes Herz geben, damit sie in meinen Geboten wandeln und meine Ordnungen halten und danach tun« (Hesekiel 11,19-20).

In der Krankheitszeit meiner Großmutter konnten wir dies Schenken Gottes erleben. Wie schwer fiel es ihr zunächst, mit ihren erblindeten Augen in unserer Familie ihr Zuhause zu sehen. Doch als sie schließlich bettlägerig wurde, kehrte ein großer Friede bei ihr ein. Sie freute sich, wenn wir bei ihr saßen und ihr erzählten. Für kleinste Hilfeleistungen war sie voll Dank. Man ging beschenkt aus diesem Altenstübchen. Gott hatte ihr Herz angerührt. Ich will ihm meines auch überlassen.

Herr, du kennst mein verzagtes und trotziges Herz.
Nimm es in deine guten Hände.
Beschenke mich mit neuer Liebe, Freude und Zuversicht.
Lass mein Herz fest werden im Vertrauen auf dich.

Jesus, zu dir kann ich kommen

Jesus, zu dir kann ich so kommen wie ich bin.
Du hast gesagt, dass jeder kommen darf.
Ich muss dir nicht erst beweisen,
dass ich besser werden kann.
Was mich besser macht vor dir,
das hast du längst am Kreuz getan.
Und weil du mein Zögern siehst,
streckst du mir deine Hände hin,
und ich kann so zu dir kommen, wie ich bin.

Jesus, bei dir darf ich mich geben, wie ich bin.
Ich muss nicht mehr als ehrlich sein vor dir.
Ich muss nichts vor dir verbergen,
der mich schon so lange kennt.
Du siehst, was mich zu dir zieht, und auch,
was mich von dir noch trennt.
Und so leg ich Licht und Schatten meines Lebens vor dich hin,
denn bei dir darf ich mich geben, wie ich bin.

Jesus, bei dir muss ich nicht bleiben, wie ich bin.
Nimm fort, was mich und andere zerstört.
Einen Menschen willst du aus mir machen,
wie er dir gefällt, der ein Brief von deiner Hand ist,
voller Liebe für die Welt.
Du hast schon seit langer Zeit mit mir das Beste nur im Sinn.
Darum muss ich nicht so bleiben, wie ich bin. [15]

Manfred Siebald

16
Vergebung erfahren

*Wohl dem, dem die Übertretungen vergeben sind,
dem die Sünde bedeckt ist! Wohl dem Menschen,
dem der Herr die Schuld nicht zurechnet,
in dessen Geist kein Trug ist! Denn als ich es wollte
verschweigen, verschmachteten meine Gebeine
durch mein tägliches Klagen. Denn deine Hand lag
schwer auf mir, dass mein Saft vertrocknete,
wie es im Sommer dürre wird. Darum bekannte
ich dir meine Sünde und meine Schuld verhehlte ich nicht.
Ich sprach: Ich will dem Herrn meine Übertretungen
bekennen. Da vergabst du mir die Schuld meiner Sünde.*

Psalm 32,1-5

In Zeiten von Krankheit leidet nicht nur unser Körper, sondern auch Geist und Seele leiden mit. Umgekehrt sind unsere körperlichen Erkrankungen oft Alarmsignale für seelische Verletzungen, für geistliche Probleme oder Beziehungskonflikte. Wer unter Magengeschwüren leidet, kann oft von etwas erzählen, das ihm auf den Magen schlägt. Wer Herzbeschwerden hat, kennt vielleicht einen Schmerz, der ihm fast das Herz zerreißt. Wer über Verspannungen klagt, dem ist vielleicht der Schreck in die Glieder gefahren. Deshalb, so äußern Ärzte der Psychosomatik, sei es wichtig, nicht dem Körperlichen weniger, sondern dem Seelischen mehr Aufmerksamkeit zu schenken. Die Bibel weiß davon, wie sehr Leib, Seele und Geist einander beeinflussen.

König David bekennt in einem seiner Lieder, dass ihm eine Krisensituation seines Lebens körperlich schwer zusetzte. David hatte sich des Ehebruchs schuldig gemacht und den Ehemann der verführten Frau in den Tod geschickt. David verschwieg seine Schuld beharrlich, doch gerade das ließ ihn ernsthaft erkranken. »Denn als ich es wollte verschweigen, verschmachteten meine Gebeine … mein Saft vertrocknete, wie es im Sommer dürre wird.« Seine Schuld machte David körperlich krank. Die Bibel nimmt unsere Schuld und Sünde sehr ernst, weil sie um die Folgen weiß. Wir neigen dazu, Schuld herunterzuspielen oder zu verharmlosen. Sind es nicht nur Schuldgefühle, die uns ein anderer einreden will, um uns zu erniedrigen? Sind meine Verfehlungen nicht nur Ausrutscher, die jedem einmal passieren können? Muss ich mir nicht ein wenig Freiheit zugestehen und nicht alles so moralisch eng sehen und gleich von Schuld sprechen?

Die Bibel warnt vor der Verharmlosung der Sünde. Sünde ist wie ein Krebsgeschwür, das um sich frisst und sich bald nicht mehr eindämmen lässt. Sie zerstört alles Gesunde, Heile und Richtige. Sie trennt von Gott. Schuld zu verschweigen oder zu verdrängen, ist Selbstbetrug. Unkontrollierbar und unbewusst schwelt sie weiter und wird zu einem gefährlichen Entzündungsherd, der jederzeit ausbrechen kann – vielleicht als körperliche Erkrankung oder als Depression. Schuld macht krank, deshalb muss der besondere Arzt ran, »der dir alle deine Sünde vergibt und heilet alle deine Gebrechen« (Psalm 103,3).

Gott will mir helfen, meine Schuld zu erkennen. Mit seinem Wort und seinen Geboten hält er mir gleichsam den Spiegel vor. Da werde ich über meine Verirrungen und meine Fehltritte erschrecken, so wie ich über eine negative Diagnose erschrecke. Aber ich kann Vergebung und Heilung erfahren. Ich darf meine Schuld Gott bekennen. Ich erlebe es als große Hilfe, sie in der Seelsorge auch vor einem vertrauenswürdigen Menschen auszusprechen. Gott will mir meine Schuld wie ein schweres Leiden abnehmen. Er macht mich frei und heil. Welch eine Erleichterung verspüre ich, wenn ich es mir wieder zusprechen lassen kann: »Deine Sünden sind dir vergeben, du bist frei!«

Herr, um Vergebung will ich heute bitten.
Dir bekenne ich meine Schuld.
Vergib mir auch meine verborgene Sünde.
Rühre mich an mit deiner heilenden Kraft und
deinem erlösenden Wort.

Psalm 103,1-13

Lobe den Herrn, meine Seele,
und was in mir ist, seinen heiligen Namen!
Lobe den Herrn, meine Seele,
und vergiss nicht, was er dir Gutes getan hat:
der dir alle deine Sünde vergibt
und heilet alle deine Gebrechen,
der dein Leben vom Verderben erlöst,
der dich krönet mit Gnade und Barmherzigkeit,
der deinen Mund fröhlich macht
und du wieder jung wirst wie ein Adler.
Der Herr schafft Gerechtigkeit und Recht
allen, die Unrecht leiden.
Er hat seine Wege Mose wissen lassen,
die Kinder Israel sein Tun.
Barmherzig und gnädig ist der Herr,
geduldig und von großer Güte.
Er wird nicht für immer hadern
noch ewig zornig bleiben.
Er handelt nicht mit uns nach unsern Sünden
und vergilt uns nicht nach unsrer Missetat.
Denn so hoch der Himmel über der Erde ist,
lässt er seine Gnade walten über denen, die ihn fürchten.
So fern der Morgen ist vom Abend,
lässt er unsre Übertretungen von uns sein.
Wie sich ein Vater über Kinder erbarmt,
so erbarmt sich der Herr über die, die ihn fürchten.

17
Für mich

*Fürwahr, er trug unsre Krankheit und
lud auf sich unsre Schmerzen. Wir aber hielten ihn für den,
der geplagt und von Gott geschlagen und gemartert wäre.
Aber er ist um unsrer Missetat willen verwundet und
um unsrer Sünde willen zerschlagen.
Die Strafe liegt auf ihm, auf dass wir Frieden hätten,
und durch seine Wunden sind wir geheilt.*

Jesaja 53,4-5

Im elsässischen Isenheim befand sich im Mittelalter ein großes Antoniterkloster. Zu den Hauptaufgaben dieses Bettelordens gehörte die Krankenpflege. Weitverbreitet war damals die Mutterkornvergiftung. Liebevoll nahm man sich dieser Erkrankten an. Auch Pestkranke wurden in den Spitälern aufgenommen. Zu Beginn ihrer medizinischen Behandlung führte man die Kranken in die Kapelle des Spitals vor den Altar, den Matthias Grünewald vermutlich zwischen 1506 und 1515 geschaffen hatte. Man erwartete, dass die Kranken bei dieser Betrachtung geistliche Stärkung erlebten.

Ich stelle mich zu ihnen vor den Altar und betrachte Grünewalds Kreuzigungsszene. Ich bin erschüttert über die grausame Darstellung. Die von Schmerzen verkrampften Hände von Jesus scheinen den fernen Himmel greifen zu wollen. Blutüberströmt, voller Wunden, mit einer übergroßen Dornenkrone hängt der Gottessohn zwischen Himmel und Erde. Eitrige Beulen bedecken den ganzen Körper des Gekreuzigten. Grünewald hat dem sterbenden Christus tatsächlich die Pest auf den Leib gemalt. Er hat Jesaja 53,3 ungeschönt ins Bild gesetzt: »Er war der Allerverachtetste und Unwerteste, voller Schmerzen und Krankheit. Er war so verachtet, dass man das Angesicht vor ihm verbarg.«

Während ich dies schockierende Bild betrachte, wird es mir zum Trost. Vielleicht ist es auch den Kranken damals so ergangen. Ich erkenne: Jesus ist nicht nur der herrliche Gottessohn. Er wurde ganz Mensch und hat Menschsein in seiner tiefsten Tiefe erlebt. Krankheit, Schmerzen, Erniedrigung und Verachtung sind ihm nicht fremd. Er hat sie selbst erlitten. Jesus kann mit mir mitfühlen. Er hat nicht nur ein wenig Mitleid, er leidet mit mir mit. Er versteht, was mir zur Last geworden ist. Fürwahr, er trug meine Krankheit und meine Schmerzen.

Doch dann erwacht in mir das Erschrecken. Warum Jesus? Warum musste ausgerechnet er, der Gottessohn ohne alle Fehler, das erleiden? Beim Betrachten dieses Altarbildes verstehe ich: Es ist meine Krankheit, die Jesus trägt, es sind meine Schmerzen, die er aushält. Es ist meine schreckliche Gottferne, die schwerste Erkrankung der Menschheit, die ihn ans Kreuz gebracht hat. Es ist meine Unwahrhaftigkeit, meine Gemeinheit, meine Schuld, die ihm den Tod bringt. Doch die gerechte Strafe muss nicht ich tragen, sie trägt der Gottessohn. Die Rechnung zahlt der einzig Schuldlose mit seinem Leben. »Die Strafe liegt auf ihm, auf dass wir Frieden hätten« (Jesaja 53,5). Und ich, der Zuschauer unter dem Kreuz? Ich darf gehen. Ich werde mit großem Frieden beschenkt. Meine tödliche Seelenkrankheit hat er geheilt. Jesus, der Gekreuzigte, der Christus.

Herr, weil du für mich gestorben bist, kann ich leben.
Weil du für mich gelitten hast, erfahre ich Vergebung.
Weil du dein Blut für mich vergossen hast,
bin ich versöhnt und frei.
Ich danke dir für deine Rettertat.

Golgatha

Für mich gingst du nach Golgatha,
für mich hast du das Kreuz getragen,
für mich ertrugst du Spott und Hohn,
für mich hast du dich lassen schlagen.

Herr, deine Liebe ist so groß,
dass ich sie nie begreifen kann,
doch danken will ich dir dafür.
Herr, deine Liebe ist so groß,
dass ich sie nie begreifen kann.
Ich bete dich an.

Für mich trugst du die Dornenkron,
für mich warst du von Gott verlassen.
Auf dir lag alle Schuld der Welt –
auch meine Schuld.
Ich kann's nicht fassen.

Herr Jesus Christus, alle Schuld
hast du für immer mir vergeben.
Du hast mich froh und frei gemacht,
du schenkst mir neues, ew'ges Leben.[16]

Margret Birkenfeld

18
Jesus siegt

Hoffen wir allein in diesem Leben auf Christus,
so sind wir die Elendesten unter allen Menschen.
Nun aber ist Christus auferstanden von den Toten
als Erstling unter denen, die entschlafen sind.

1. Korinther 15,19-20

Als Jesus am Ostermorgen aus dem Höhlengrab ausbricht, da fängt die weltweite Herrschaft des Todes an zu brechen. Als der eine den Grabstein beiseitewuchtet, da fangen die Grabsteine aller Zeiten an zu wackeln. Als der eine die Herren Soldaten umbläst, die aufpassen, damit der Tote tot bleibt, da fährt ein frischer Lebenswind über die Friedhöfe der Menschheit und die verstreuten toten Knochen.

»Wie bitte? Kann das sein?«, fragen sich die Korinther. Dass Gott sich nicht mit dem unerbittlichen »Erde zu Erde, Asche zu Asche, Staub zum Staube« zufriedengibt? Dass Gott noch einmal etwas Neues mit toten Knochen anfängt? Dass Gott lebendige Körper schaffen will, strahlende Augen, unzählbare Auferstehende, die sich um den Hals fallen? Das muss man alles symbolisch verstehen, meinen einige Korinther mit Köpfchen: Die Toten leben weiter in unseren Herzen, in unseren Gedanken, in unserer Erinnerung. Vielleicht schwebt ihre unsterbliche Seele im Himmel wie das klitzekleine Nebeltröpfchen in der Wolke? Vielleicht wird auch ein Name in einem himmlischen Notizbuch unsterblich?

Ziemlich klug hört sich das an, vergeistigt, elegant. Doch Paulus ist nicht einverstanden. Jesus mit seinem zu Tode geschundenen Körper – er ist nicht nur geistig auferstanden. Ist nicht als Seelentröpfchen in himmlische Wolken aufgestiegen. Er lebt jetzt eben nicht in unserer Erinnerung wie ein hochgehaltener, längst verwester Held. Nein, in diesem Fall wäre die Osternachricht Humbug. Gott wäre am Tod gescheitert, der Christusglaube wäre nichtig, Christen wären bemitleidenswerte Idioten, die sich an ihrer unvergebenen Schuld zu Tode schleppen. Und die Verstorbenen wären für immer verloren.

»Nun aber« – Paulus lässt seine Osterbotschaft wie einen kräftigen Posaunenschall laut werden. »Nun aber ist Christus auferstanden von den Toten.« Die Frauen auf dem Grabweg haben seine Füße umfasst. Der Jüngerkreis hat ihn gebratenen Fisch essen sehen. In einer Versammlung von 500 Gläubigen hat er sich mit seinen durchbohrten Händen gezeigt. Vernünftige Zeugen bezeugen das Unglaubliche: Jesus ist wirklich auferstanden, körperlich, real. Unverkennbar, sein Gesicht, seine Augen, seine Worte!

»Nun aber ist Christus auferstanden als Erstling unter denen, die entschlafen sind.« Wenn Gott den einen aus dem Grab geholt hat, warum dann nicht auch viele andere? Wenn Gottes Macht den einen aus dem Totenreich befreit, warum dann nicht auch andere Verstorbene? Einen »Erstling« nennt ihn Paulus: die kleine Kostprobe der Ernte, die der Israelit zum Erntedankaltar bringt. Sie steht für Millionen von Früchten und Körnern, die überall in die Scheunen eingefahren werden. An Jesus hat Gott nur eine Kostprobe seines Könnens demonstriert, meint der Apostel; unzählige Gläubige, Millionen wird er dem Tod entreißen und in den Himmel einfahren.

»Aber das kann man sich doch gar nicht vorstellen«, meinte ein Schüler zu dem berühmten Physiker Isaak Newton, »aus dem Totenstaub soll wieder Leib und Leben geformt werden?« In der nächsten Physikstunde ließ sich der Meister eine Handvoll Eisenteilchen bringen, die er mit Staub vermischte. »Wer sammelt diese winzigen Eisenteilchen wieder aus dem Staub?«, fragte er in die Runde. Keiner wusste eine Antwort. Newton nahm einen Magneten und hielt ihn über den Topf. Sofort kam Leben in den Staub: Sämtliche Eisenteilchen flogen auf den Magneten zu.

Noch viel stärker als ein Magnet ist der wiederkommende Christus, der seine Angehörigen um sich sammeln wird.

»Danach das Ende, wenn er das Reich Gott, dem Vater, übergeben wird, nachdem er alle Herrschaft und alle Macht und Gewalt vernichtet hat … Der letzte Feind, der vernichtet wird, ist der Tod« (1. Korinther 15,24.26). Am Ende müssen die feindlichen Mächte fallen. Am Ende ist die Herrschaft des Todes endgültig zerbrochen. Dieses Ende heute schon zu kennen, macht getrost. Macht mutig. Macht zuversichtlich.

Herr, du lässt mein Herz jubeln.
Du hast den Tod besiegt.
Du hast auch den letzten Feind überwunden.
Du bist der Sieger.
Du stellst mich hinein in deinen Sieg.
Ich lobe dich.

Dass Jesus siegt

*Dass Jesus siegt, bleibt ewig ausgemacht,
sein wird die ganze Welt;
denn alles ist nach seines Todes Nacht
in seine Hand gestellt.
Nachdem am Kreuz er ausgerungen,
hat er zum Thron sich aufgeschwungen.
Ja, Jesus siegt!*

*Ja, Jesus siegt, obschon das Volk des Herrn
noch hart darniederliegt.
Wenn Satans Pfeil ihm auch von nah und fern
mit List entgegenfliegt,
löscht Jesu Arm die Feuerbrände;
das Feld behält der Herr am Ende.
Ja, Jesus siegt!*

*Ja, Jesus siegt! Seufzt eine große Schar
noch unter Satans Joch,
die sehnend harrt auf das Erlösungsjahr,
das zögert immer noch:
so wird zuletzt aus allen Ketten
der Herr die Kreatur erretten.
Ja, Jesus siegt!*

*Ja, Jesus siegt! Wir glauben es gewiss,
und glaubend kämpfen wir.
Wie du uns führst durch alle Finsternis,
wir folgen, Jesu, dir.
Denn alles muss vor dir sich beugen,
bis auch der letzte Feind wird schweigen.
Ja, Jesus siegt!*[17]

Johann Christoph Blumhardt

»Mein bist du«,
spricht der Tod
und will groß Meister sein.
Umsonst – mir hat mein Herr versprochen:
Du bist mein.[18]

Albrecht Goes

19
Mit Ostern leben

Gott aber hat den Herrn auferweckt
und wird auch uns auferwecken durch seine Kraft.

1. Korinther 6,14

Als Ordensritter im 12. Jahrhundert versuchten, den Norden Deutschlands auf ihre Weise zu missionieren, geriet einer von ihnen, Herr von Schöningh, in Gefangenschaft. Er verschwand in der Burg eines Weichselgrafen – und niemand wusste, wo er war. Dort lag er in einem Wehrturm auf feuchtem Stroh, und das einzige Licht kam durch ein kleines Fenster ganz oben im Turm. Nach Jahren widerfuhr dem wilden Grafen bei der Jagd ein Unfall, bei dem er gerade noch glimpflich davonkam. Weil er ein abergläubischer Mann war, wollte er die Götter nicht erzürnen und gewährte einigen Menschen in seiner Burg einen persönlichen Wunsch. Dabei kam ihm auch der Gefangene in den Sinn. Seine Freilassung sei zwar ausgeschlossen, teilte er ihm mit, aber vielleicht habe er ja einen anderen Wunsch – ein frisches Hemd vielleicht oder ein Bündel trockenes Stroh?

Der Mann aber bat um etwas ganz anderes. Er wünschte sich, dass man ihm jeden Samstagabend eine Leiter in den Turm stellen solle. Eine Leiter, die so hoch sei, dass sie bis zum Turmfenster hinaufreiche. Diese Leiter solle man ihm bis zum nächsten Morgen überlassen. Der Wunsch wurde erfüllt. Von diesem Zeitpunkt an stieg der Ordenschrist an jedem Sonntagmorgen sehr früh die Leiter hinauf und wartete dort oben auf das Licht des neuen Tages. Und immer, wenn die Sonne aufging, das alte Zeichen der Auferstehung von Jesus, dann sang er aus dem vergitterten Fenster hinaus das Glaubenslied seiner Brüder: »Christ ist erstanden von der Marter alle. Des soll'n wir alle froh sein, Christ will unser Trost sein. Kyrieleis.« Und wie die Wechselfälle des Lebens sind: Diesen Gesang hörten eines Tages seine Freunde, und sie konnten ihn aus dem Gefängnis befreien.

Diese alte Geschichte hat mich berührt. Eine schwere Erkrankung kann eine solche Turmerfahrung sein. Ich bin gefangen gehalten in meinem Elend. Ich komme nicht los. Ich sehe kaum noch einen Hoffnungsschimmer für mein Leben. Jede Aussicht auf Besserung ist verstellt. Wie dieser Herr von Schönigh wünsche ich mir nichts mehr als eine neue Perspektive, eine Zukunftshoffnung. Dabei habe ich sie längst durch Jesus Christus, denn »Gott hat den Herrn auferweckt und wird auch uns auferwecken durch seine Kraft«.

Wenn diese Aussicht in mir zur festen Gewissheit und sicheren Lebenserwartung werden soll, dann brauche ich eine Steighilfe wie Herr von Schöningh. Das Singen eines Liedes kann mir helfen. Wir singen es bei Beerdigungen an jedem offenen Grab: Christ ist erstanden. Ich kann es immer wieder singen, den Todesmächten zum Trotz und mir zum Trost. Das bewusste Feiern des Sonntags ist mir eine Stärkung. Ich halte inne, ich gewinne Abstand und ich begegne dem Auferstandenen. Das Abendmahl erlebe ich als Hilfe. Ich darf schmecken und sehen: Christus ist für mich gestorben, damit ich mit ihm leben kann.

Ich will die Auferstehungshoffnung in meinen Turm hineinholen. Ich will mich aufmachen und mich darin üben, von Ostern her zu leben.

Herr, weil du auferstanden bist,
kann ich auch für mein Leben hoffen.
Ich bitte dich:
Lass mich in der Kraft deiner Auferstehung
dem Ziel entgegenleben.

Jedes Grauen währt nur bis zum dritten Tag

*Wenn das Klima sich verändert
und der Meeresspiegel steigt,
wenn die Chancen kleiner werden,
sich die Zeit dem Ende neigt,
dann weiß ich nur eins:
Ich halte fest an dir!*

*Wenn der Boden rissig wird,
auf dem meine Füße stehn,
werd ich meine Augen heben,
und ich werd zum Himmel sehn,
und dann weiß ich nur eins:
Ich halte fest an dir!*

Jedes Grauen währt nur bis zum dritten Tag,
denn du bist nicht im Tod geblieben.
Das Dunkel zieht vorüber
und die Auferstehung naht.
Jedes Grauen währt nur bis zum dritten Tag.

*Sind mal Wünsche in mir stärker,
die nicht deine Wünsche sind,
weiß ich wohl, du wirst mich leiten,
denn ich bin ja doch dein Kind,
und dann weiß ich nur eins:
Ich halte fest an dir!*

*Wenn die Freunde einmal gehen,
grade dann, wenn ich sie brauch,
wenn die Kräfte schwächer werden,
o Herr, dann bedenk ich auch,
und dann weiß ich nur eins:
Ich halte fest an dir!*

*Jedes Grauen währt nur bis zum dritten Tag,
denn du bist nicht im Tod geblieben.
Das Dunkel zieht vorüber
und die Auferstehung naht.
Jedes Grauen währt nur bis zum dritten Tag.*[19]

Nicole Vogel

20
Wiedergeboren zu lebendiger Hoffnung

*Gelobt sei Gott,
der Vater unseres Herrn Jesus Christus,
der uns nach seiner großen Barmherzigkeit
wiedergeboren hat zu einer lebendigen Hoffnung
durch die Auferstehung Jesu Christi von den Toten.*

1. Petrus 1,3

In einem Kinder- und Jugendheim wohnt Carolin, 15 Jahre alt. Bis vor einem halben Jahr ist sie immer wieder von zu Hause weggelaufen, hat Drogen genommen und in Großstädten auf der Straße gelebt. Deshalb ist sie hier gelandet, in einem Heim für extrem schwierige, straffällige Kinder und Jugendliche. Für Carolin war es die »Endstation Hoffnung«. Heute sagt sie: »Ich habe mein altes Leben hinter mir gelassen, ich habe viel gelernt.« Die Erzieher bewerten diese Aussage zwar mit Vorsicht, sind aber glücklich, dass sich so etwas wie eine Wende andeutet. Carolin entwickelt endlich eine Perspektive für sich, will einen Schulabschluss nachholen. Das lässt hoffen.

Vieles in meinem Leben lässt meine Hoffnung schwach werden, dahinschwinden und sogar an einer vorläufigen Endstation ankommen. Die Hoffnung für unsere Kinder: Wie wird es ihnen in einer Welt, wo Beziehungszerbruch und Kindesmissbrauch zunehmen, ergehen? Die Hoffnung für unseren Staat: Wie wird es weitergehen, wenn die Wirtschaft lahmt und die Staatsschulden überhandnehmen? Die Hoffnung für mein Leben: Wie wird es mit dieser Krankheit weitergehen?

Vieles kann uns in eine Stimmung der Hoffnungslosigkeit versetzen. In genau jene Stimmung, die in dem abgeschlossenen Hinterzimmer am Ostersonntag in der Frühe herrschte. Mit trüben Augen starrten die Jünger aneinander vorbei. Bis die Frauen an die Tür trommelten und es fast hinausschrien: das Grab sei leer, der Herr sei lebendig. Ein Funke von Hoffnung. Es wurde ein Feuer der Hoffnung daraus. Als Jesus selbst in die Runde trat. Er verwandelte die Endstation Hoffnung in eine Startrampe der Hoffnung. Er schuf aus Trauergestalten der Hoffnungslosigkeit Menschen voller lebendiger Hoffnung.

Das schafft Jesus Christus bis heute, auch unter uns. Glaubt es nur, so ermuntert uns der Jubelruf des Apostels Petrus: »Gelobt sei Gott, der uns wiedergeboren hat zu einer lebendigen Hoffnung« (vgl. 1. Petrus 1,3). Christen sind verwandelt, verändert, neu geschaffen, wiedergeboren zu einer starken Hoffnung. Von einer Verwandlung tief innen im Menschen spricht Petrus, von einem Neuwerden der Seele, von einer Neubelebung des Herzens. Christen sind in eine Aufwärtsbewegung hineingenommen: hin zur Hoffnung, hin zum Leben, hin zu Gott. Eine Bewegung, die nicht durch eine optimistische Veranlagung, durch vernünftige Überlegung, durch eigene Seelenkraft zustande kommt. Ein anderer bringt uns in die Position größter, berechtigter Hoffnungen. Es ist Jesus Christus, der aus dem Tod herausbricht. Er fängt die auf, die in ein Meer von Hoffnungslosigkeit abzustürzen drohen. Er bewahrt solche vor dem Untergang, die sich hoffnungslos weit von Gott entfernt haben. Er bringt solche ans Festland eines neuen Lebens, deren Empfindsamkeit für Gott ertrunken und erstorben war.

Rettung, Neuanfang, Wiedergeburt: auch für uns. Wenn wir es wollen. Wenn wir glauben, dass der Auferstandene lebt. Wenn wir uns von ihm auffangen, umschließen, tragen lassen. Er, der uns zu Gott zurückträgt und dorthin, wo das ewige Leben liegt. Das ewige Leben: wie ein neues Ufer, wie ein neuer Kontinent, wie ein neuer Geschichtsabschnitt. Ein unvergängliches, unbeflecktes, unverwelkliches Erbe nennt es Petrus. Es ist uns sicher. Es hält ewig. Es ist ohne Schmutz, ohne Mängel, ohne Krankheit, ohne Tränen, ohne Tod. Ein Hoffnungsland, in dem kühnste Träume und Wünsche in Erfüllung gehen. Dorthin trägt uns Jesus Christus. Deshalb sind Christen Menschen der Hoffnung.

Hier und heute, selbst wenn ihre Lebensbedingungen bis auf Weiteres mangelhaft bleiben. Trotzdem: Der Herr bleibt auferstanden. Er bleibt aktiv. Er bleibt bei uns. Wegen ihm sind wir wiedergeboren zu einer lebendigen Hoffnung!

Herr, Hoffnungslosigkeit bedrängt mich.
Was soll noch werden?
Halte du mich fest. Ich brauche dich.
Lass nichts mir die Hoffnung rauben
auf deine Herrlichkeit.

Anker in der Zeit

*Es gibt bedingungslose Liebe,
die alles trägt und nie vergeht.
Und unerschütterliche Hoffnung,
die jeden Test der Zeit besteht.
Es gibt ein Licht, das uns den Weg weist,
auch wenn wir jetzt nicht alles sehn.
Es gibt Gewissheit unsres Glaubens,
auch wenn wir manches nicht verstehn.*

Er ist das Zentrum der Geschichte,
er ist der Anker in der Zeit.
Er ist der Ursprung allen Lebens
und unser Ziel in Ewigkeit.

*Es gibt Versöhnung selbst für Feinde
und echten Frieden nach dem Streit,
Vergebung für die schlimmsten Sünden,
ein neuer Anfang jederzeit.
Es gibt ein ewges Reich des Friedens.
In unsrer Mitte lebt es schon,
ein Stück vom Himmel hier auf Erden
in Jesus Christus Gottes Sohn.*

*Es gibt die wunderbare Heilung,
die letzte Rettung in der Not.
Und es gibt Trost in Schmerz und Leiden,
ewiges Leben nach dem Tod.
Es gibt Gerechtigkeit für alle,
für unsre Treue ewgen Lohn.
Es gibt ein Hochzeitsmahl für immer
mit Jesus Christus, Gottes Sohn.*[20]

Albert Frey

21
Wie Gold

*Dann werdet ihr euch freuen, die ihr jetzt eine kleine Zeit,
wenn es sein soll, traurig seid in mancherlei Anfechtungen,
damit euer Glaube als echt und viel kostbarer
befunden werde als das vergängliche Gold,
das durchs Feuer geläutert wird, zu Lob, Preis und Ehre,
wenn offenbart wird Jesus Christus.*

1. Petrus 1,6-7

An traurige, niedergeschlagene, verunsicherte Gemeindeglieder sind diese Worte gerichtet. Sie spüren Verachtung. Sie erfahren Benachteiligung. Sie erleiden sogar Verfolgung. Und so fragen sie sich, ob sie unter solchen Umständen an ihrer klaren Glaubenshaltung festhalten sollen. Petrus erklärt rundheraus, dass diese Unannehmlichkeiten zur normalen Erfahrung jedes Christen dazugehören. Im Fahrzeug spürt man Gegenwind, im Segelboot durchschneidet man Wasserwiderstand, im Geschäftsalltag erlebt man Konkurrenzdruck. Und als Christ erfährt man Glaubensbelastungen.

Nur keine Angst, lautet die seelsorgerliche Botschaft des Petrus, nur nicht zu viel Selbstmitleid, nur kein hoffnungsloses Christentum!

Erstens bewahrt mich Gottes Macht. Glaube ich, dass er seine Wiedergeborenen mächtig bewahrt?

Zweitens begrenzt Gott schwere Zeiten. Glaube ich, dass er Drucksituationen genau zur rechten Zeit für mich beendet?

Drittens verfolgt Gott ein sinnvolles Erziehungsziel. Glaube ich, dass er sogar durch Leidvolles etwas Wertvolles bei mir erreicht?

In einem heftig geschüttelten Sieb kommen die Goldkörner zum Vorschein. Im Schmelzofen wird das Edelmetall aus dem Gestein herausgebrannt. Im heißen Gebläse der Härterei steigert sich der Härtegrad des Qualitätswerkstücks. Und in der Hitze des Alltags bewährt der Glaube seine Echtheit. In den Herausforderungen der modernen Welt wächst seine Widerstandskraft gegen den Werteverlust. In den Zumutungen eines persönlichen Leidens entfaltet er sein armseliges, starkes Trauen auf Gottes Treue.

Ein über die Maßen Leidgeprüfter sagte: »Doch, doch, Gott hat mir schon wieder geholfen.« Was im Leben zweitrangig ist, tritt zurück. Was die Konzentration auf Gott verhinderte, fällt weg. Was fauler Kompromiss, frömmelnde Selbstdarstellung oder mangelnde Entschlossenheit war, verschwindet. Es bleibt das Gold des geläuterten Glaubens. Das Gold eines geistlichen Lernprozesses. Das Gold der Hoffnung auf den Gott allen Trostes.

Wir gewinnen mehr davon in der Goldgrube, die Bibel heißt. Wir werden damit beschenkt, wenn wir in einem Gesprächskreis über unsere angegriffene Hoffnung sprechen. Wir werden noch reicher und gerüsteter, wenn wir eine Viertelstunde still nachdenken, vielleicht auf einer Bank einer geöffneten Kirche.

Traurig, dass man in unserem Land das Kreuzzeichen in öffentlichen Räumen verbietet. Aber ist es nicht tröstlich, dass wir in unserem Land das Wort vom Kreuz auf viele Weisen zu den Erlösungsbedürftigen tragen können? Traurig, diese Unstimmigkeiten in jener Gemeindegruppe. Aber ist es nicht tröstlich, dass Gott auch durch mangelhafte Gemeinden und schließlich durch Versöhnung sein Reich baut? Traurig, meine Schmerzen. Aber ist es nicht tröstlich, dass der lebendige Christus meine Schmerzen trägt und zur rechten Zeit überwinden wird? Christen sind wiedergeboren zu einer lebendigen, tröstlichen Hoffnung.

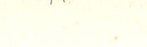

*Herr, hilf, dass keine Anfechtung und kein
Leiden mich von dir wegbringen kann.
Lass mich im Glauben reifen.
Schenke mir unerschütterliche Hoffnung in dich
und ein festes Vertrauen in deine unbegrenzten Fähigkeiten.*

Leben in Dunkelheit

Else Dihlmann litt wie Hannelore Kohl an einer noch sehr wenig erforschten Krankheit: der Lichtallergie. Ein Hitzschlag hatte diese Erkrankung ausgelöst. Sie zeigte sich durch Nervenschmerzen in den Augen und im Gesicht sowie Lähmungen an Händen und Füßen. Nur im komplett abgedunkelten Haus konnte Frau Dihlmann überleben. 36 Jahre lang lebte sie so. Trotzdem hatte sie ein frohes Wesen und wurde vielen Menschen zum Segen.

Unzählige Lieder schrieb sie auf. »Wenn sie am Klavier saß, war sie in ihrem Element, und wenn sie sang, war unser Haus mit Lob und Dank erfüllt. Meine Worte reichen nicht aus, um das wiederzugeben! Meine Else war ein Edelstein, ein hochbegabtes Juwel. Sie war für mich ein Geschenk des Herrn und wir haben in unserer Ehe ein Stückchen Himmel erlebt«, schreibt ihr Mann.

Nach ihrem Tod fand er beim Aufräumen in dem nun lichtdurchfluteten Haus den großen Schatz: 500 selbst gedichtete Lieder. Ihre Melodien kannte nur Else Dihlmann selbst, aber die Texte sind erhalten. Kein literarisches Kunstwerk, aber das Zeugnis eines tiefen Vertrauens zu Gott. Ein Lobpreis an ihn, der ihr Licht in der Dunkelheit war. Mit diesen Liedern strahlt noch heute der Glaube einer schwer Leidgeprüften wie geläutertes Gold.

Der starke Helfer

Vom Herren lasst uns singen,
von seiner Kraft und Macht,
den Dank ihm heute bringen
für das, was er vollbracht.

Unzähl'gen er geholfen,
als sie zu ihm gefleht.
Drum lasst uns preisen, loben.
Der Herr, er hört Gebet.

Ja, seine starken Arme,
wie sie getragen oft!
Er ist und bleibt derselbe.
Wohl dem, der auf ihn hofft!

Else Dihlmann[21]

22
Geduld

Wir wissen, dass Bedrängnis Geduld bringt,
Geduld aber Bewährung,
Bewährung aber Hoffnung,
Hoffnung aber lässt nicht zuschanden werden.

Römer 5,3b-5a

Nein, ein geduldiger Mensch bin ich nicht. Volle Wartezimmer lassen mich schon beim Betreten unruhig werden. Noch heute ist mir die lange Zeit der vielen Untersuchungen und Arztbesuche zur Abklärung der genauen Diagnose lebendig vor Augen. Die Ungeduld fraß mich fast auf. Ich wollte wissen, was mit mir los ist. Endlich wollte ich die Krankheit kennen, mit der ich es aufzunehmen hatte. Diese Ungewissheit stellte mich auf eine harte Geduldsprobe. Ich stellte tausend Fragen und griff selbst zu medizinischen Büchern. Als mein Arzt anrief, um mich schonend zu einem Gespräch zu bitten, schleuderte ich ihm meinen Verdacht entgegen, der sich dann auch bewahrheitete: *Morbus Hodgkin.*

Dieser gute Arzt gab meiner Ungeduld nach und begann noch am Wochenende mit der Chemotherapie. Ich war dabei fast erleichtert: Endlich hatte der Kampf um meine Gesundheit begonnen.

Im Verlauf der folgenden Wochen und Monate hatte ich noch unzählige Male Gelegenheit, mich in Geduld zu üben. Gott nahm mich in seine Schule. Seltsam, dass wir Geduld oft nur in der harten Schule des Wartens, in Schwierigkeiten, in Bedrängnis und Not lernen.

Doch so ist es immer schon gewesen. Abraham lernte Geduld beim Warten auf seinen ersten Sohn, den von Gott versprochenen Nachkommen. Noah lernte Geduld, eingeschlossen in sein selbst gebautes Rettungsschiff, während draußen die größte Klimakatastrophe ihren Lauf nahm. Josef lernte, auf seinem Weg durch Sklaverei und Gefängnis Geduld zu haben. Würde Gott uns nicht in Schwierigkeiten festhalten, würden wir ihm immer wieder aus der Schule laufen. Hudson Taylor sagte: »Zu lernen, was Gott uns im Leiden sagen will, ist wichtiger, als aus ihm herauszukommen.« Vielleicht führt uns Gott deshalb an den Punkt, wo wir nichts mehr ändern, nichts mehr bewegen und nichts mehr retten können, wo wir uns lediglich gedulden müssen. In Gottes Schule lerne ich, der Realität ins Auge zu sehen und sie doch auszuhalten. Ich lerne, standhaft unter der Last zu bleiben. Ich lerne, nicht aufzugeben und Gott nicht davonzulaufen. Ich lerne, auf Gott zu warten, der es garantiert gut mit mir macht. Gott will mich durch Krisen nicht quälen, sondern mich in seiner Liebe noch enger an sich binden. Da werde ich ihn als krisenfesten Halt, als treuen Helfer und als mächtigen Herrn erleben. Ich werde reich an Erfahrungen mit Gott. Mein Glaube bekommt in Gottes Schule Tiefgang, indem er sich bewährt und die Hoffnung auf Gott nicht verliert.

*Herr, schenke mir an diesem Tag die Geduld,
die ich brauche.
Hilf mir, meine Last auszuhalten
und mit dir zu bewältigen.*

Hebräer 12,1-3

Darum auch wir: Weil wir eine solche Wolke von Zeugen um uns haben, lasst uns ablegen alles, was uns beschwert, und die Sünde, die uns ständig umstrickt, und lasst uns laufen mit Geduld in dem Kampf, der uns bestimmt ist, und aufsehen zu Jesus, dem Anfänger und Vollender des Glaubens, der, obwohl er hätte Freude haben können, das Kreuz erduldete und die Schande gering achtete und sich gesetzt hat zur Rechten des Thrones Gottes. Gedenkt an den, der so viel Widerspruch gegen sich von den Sündern erduldet hat, damit ihr nicht matt werdet und den Mut nicht sinken lasst.

Geduld ist das Schwerste und das Einzige,
was zu lernen sich lohnt.
Alle Natur, alles Wachstum, aller Friede,
alles Gedeihen und Schöne in der Welt beruht auf Geduld,
braucht Zeit, braucht Stille, braucht Vertrauen.

Hermann Hesse[22]

23
Gottes Wille

Dein Wille geschehe.
Matthäus 6,10b

»Ich will aber!«, schreit der Dreijährige und stampft trotzig auf den Boden. Es beginnt der erzieherisch mühsame Weg, diesen selbstbewussten Willen in gute Bahnen zu lenken und vielleicht eine etwas höflichere Ausdrucksweise zu vermitteln. Das trotzige »Ich will!« tragen wir jedoch auch als Erwachsene noch in uns. Oft bricht es gerade in unabänderlichen Notsituationen aus uns heraus.

So habe ich es in meiner Krankheitszeit erlebt. »Ich will nicht krank sein«, jammerte ich, als man noch auf der Suche nach einer Diagnose war. »Ich will nicht sterben müssen!«, betete ich verzweifelt, aber auch: »Ich will gesund werden!« Und als dann die Therapie mir zusetzte und die Haare ausfielen: »Ich will da nicht durch! Ich will diese Behandlung nicht!«

So wichtig es ist, dass ein Kranker all seine Kräfte aufbietet, um wieder gesund zu werden, so unmöglich ist es, in trotziger Auflehnung gegen dieses Schicksal zu leben. Ich muss beides: meine Krankheit als Realität annehmen und mit allen Konsequenzen im Blick auf die Therapie gesund werden wollen. Ich mache die Last meines Leidens noch schwerer, wenn ich gegen den kämpfe, der sie mir aufgebürdet hat. Die Auflehnung gegen mein Schicksal ist Auflehnung gegen Gott: »Warum mutest du mir so Schweres zu? Warum, Gott?« So klagen und jammern wir. Unzufriedenheit bestimmt uns. Im Frieden leben können wir nur, wenn wir uns unter Gott stellen, wenn wir uns seinem Willen beugen und ein Ja zu seinem Weg – auch zum schweren Weg – finden.

Jesus lebt es uns vor. Er ordnet sich ganz dem Vater unter und lebt ganz den Willen seines himmlischen Vaters. Er ist gehorsam bis zum Tod am Kreuz und bringt dadurch Gottes Plan zur Erfüllung: zu retten, was verloren ist.

Hilfreich ist mir immer wieder die täglich gebetete Vaterunser-Bitte: Dein Wille geschehe! Ich muss mich aus dem Streit gegen Gott in seinen Willen hineinbeten. Ich weiß es doch: Ich stehe nicht unter der Willkür eines Tyrannen, sondern unter dem Willen meines himmlischen Vaters, der Gutes für mich will.

Herr, deinem Willen unterstelle ich mich.
Wenn du den schweren Weg für mich bereit hast,
dann will ich ihn mit dir gehen.
Lass mich deine Nähe erfahren.
Hilf mir, dir treu zu bleiben,
und lass alles zu deiner Ehre geschehen.

Es jammre, wer nicht glaubt

Es jammre, wer nicht glaubt!
Ich will mich stillen;
mir fällt kein Haar vom Haupt
ohn Gottes Willen.
In Jesus hab ich hier
das beste Leben;
und sterb ich, wird er mir
ein bessers geben.

Es sorge, wer nicht traut!
Mir soll genügen;
wovor mir jetzo graut,
das wird Gott fügen.
Er weiß, was nötig sei,
so mag er sorgen;
mir ist des Vaters Treu
auch nicht verborgen.

Es zage, wer nicht hofft!
Ich will mich fassen;
er hat mich's schon so oft
erfahren lassen:
er hört Gebet in Not,
wann sie am größten;
sein Geist kann auch im Tod
mit Jesu trösten.

So wein ich, wenn ich wein,
doch noch mit Loben;
das Loben schickt sich fein
zu solchen Proben.
Man kann den Kummer sich
vom Herzen singen.
Nur Jesus freuet mich.
Dort wird es klingen.[23]

Philipp Friedrich Hiller (1699–1769) dichtete dieses Lied. Er war Pfarrer in Steinheim auf der Schwäbischen Alb, hatte aber durch eine seltene Halskrankheit seine Stimme verloren und konnte nicht mehr öffentlich predigen. In einem Brief an einen Freund schrieb er: »Seit geraumer Zeit stehe ich in schweren Anfechtungen, denen ich kaum widerstehen kann. Ich bete, weine, schütte mein Herz aus und flehe, meine Stimme wiederzubekommen. Während des Gebets glaube ich auch und bin nachher ruhig. Aber dann kommt wieder die Bangigkeit zurück. Die Sorgen brechen wieder über mich herein. Ich hänge zwischen Furcht und Hoffen.«

In dieser Zeit schrieb Hiller einige Bücher und viele Lieder. Sein *Liederkästlein* wurde ein beliebtes und viel gelesenes Andachtsbuch. Die Worte des stimmlosen Pfarrers ermutigten und trösteten unzählige Menschen bis heute.

24
Der unbegreifliche Gott

Unser Herr ist groß und von großer Kraft,
und unbegreiflich ist, wie er regiert.

Psalm 147,5

Neben Kaffee und Brot, Milch und Müsli gehört auf unseren Frühstückstisch schon immer das Herrnhuter Losungsbüchlein. Diese tägliche Wegzehrung aus Gottes Wort, die Losungen, die auf Nikolaus Ludwig Graf von Zinzendorf zurückgehen und bis heute für jeden Tag des Jahres ausgelost werden, haben schon oft treffend in unser persönliches Erleben hineingesprochen. Manche dieser Losungsworte haben darum den Weg in mein Tagebuch gefunden.

»Unser Herr ist groß und von großer Kraft, und unbegreiflich ist, wie er regiert.« Dieser Psalmvers stand über dem schweren Tag, als sich unsere Tochter Luise nur wenige Tage vor dem errechneten Geburtstermin in den Himmel verabschiedete. Wie sehr hatten wir noch auf die große Kraft Gottes gehofft! Dann aber standen wir mit blutendem Herzen vor seinem unbegreiflichen Tun. Unser Kind war tot.

In solchen Situationen stehen wir stumm und ratlos still. Wir bemühen uns um plausible Erklärungen, konstruieren mögliche Gründe und suchen nach Trost. Aber wir bleiben mit tausend ungeklärten Fragen zurück, die in der einen Frage zusammengefasst sind: »Warum, Gott?« Doch Gott bleibt unbegreiflich. Keiner von uns kann nur annähernd verstehen, wie Gott handelt. Gott ist für unseren Verstand nicht zu fassen. Seine Wege sind uns unerklärlich. Wir erleben ihn wie einen geheimnisvollen Regisseur, aber ein Blick hinter die Kulissen wird uns nur ganz selten einmal gewährt.

Wie kein anderer kämpfte Hiob mit der Unbegreiflichkeit Gottes. Obwohl er unermessliches Elend erdulden musste, hielt er geduldig, ja fast trotzig an Gott fest: »Der Herr hat's gegeben, der Herr hat's genommen; der Name des Herrn sei gelobt!« (Hiob 1,21). Schließlich demonstrierte Gott diesem geplagten Mann seine Schöpfermacht und Größe und Hiob neigte sich beschämt vor Gott, dem Allmächtigen: »Ich erkenne, dass du alles vermagst, und nichts, was du dir vorgenommen, ist dir zu schwer« (Hiob 42,2). Hiob erkannte: Gott ist König. Er ist Herr. Ich habe kein Recht, ihn und sein Handeln zu hinterfragen. Gott ist mir keinerlei Rechenschaft schuldig. Er handelt absolut souverän.

Doch das ist das Wunder: Dieser mächtige Weltenherrscher beugt sich zu mir herab. Der Unbegreifliche kommt greifbar nah. Der König gibt seinen Thron auf und bezieht einen armseligen Stall. Er kommt in Jesus, damit ich seine grenzenlose Liebe begreifen kann. Ich soll es kapieren: Gott ist nicht gegen mich, er ist für mich. Er will mich zu sich emporheben. Der allmächtige Herr wünscht sich nichts sehnlicher als meine Freundschaft und bietet mir seine Freundschaft an. Nahezu unbegreiflich! Wenn ich anfange zu verstehen, dass der Herr aller Herren mein Liebhaber ist, dann kann ich meine Fragen hintenanstellen und ihn Herr sein lassen. Er kennt alle Antworten. Ihm entgleitet nichts, auch nicht die verfahrenste Situation. Er ist Herr über alles. Dann lerne ich die Strophe von Paul Gerhardt zu singen, die an jenem Tag auch im Losungsbüchlein stand:

Auf, auf, gib deinem Schmerze und Sorgen gute Nacht,
lass fahren, was das Herze betrübt und traurig macht;
bist du doch nicht Regente, der alles führen soll,
Gott sitzt im Regimente und führet alles wohl.[24]

*Allmächtiger Herr,
du erscheinst mir so unbegreiflich und so fern.
Ich verstehe nicht, wie du an mir handelst.
Aber du meinst es gut mit mir.
Du machst keinen Fehler.
Ich will dich Herr sein lassen.*

Aus den Krankengebeten von Blaise Pascal

Vater im Himmel!
Ich bitte weder um Gesundheit noch um Krankheit,
weder um Leben noch um Tod,
sondern darum,
dass du über meine Gesundheit und meine Krankheit,
über mein Leben und meinen Tod verfügst,
zu deiner Ehre und zu meinem Heil.
Du allein weißt, was mir dienlich ist.
Du allein bist der souveräne Herr!
Tu, was du willst.
Ich weiß nur eines:
Es ist mir gut, dir zu folgen, und schädlich, dich zu beleidigen.
Gib mir, nimm mir,
aber mache meinen Willen dem deinen gleich,
dass ich in demütiger, vollkommener Unterwerfung
und heiligem Vertrauen deine Befehle empfange
und gleichermaßen verehre alles, was mir von dir zukommt.

Pascal lebte von 1623 bis 1662. Er war Naturwissenschaftler und ein mathematisches Genie, Physiker, Erfinder, Schriftsteller und Philosoph. Mit 16 Jahren veröffentlichte er seine erste mathematische Studie über Kegelschnitte. Als 20-Jähriger erfand er die erste Rechenmaschine. Von seinem 18. Lebensjahr an war er keinen Tag ohne Schmerzen und von schwerer Krankheit gezeichnet. Blaise Pascal starb mit 39 Jahren.

25
An der Quelle

Wen da dürstet, der komme zu mir und trinke!
Johannes 7,37

In der Nähe von Mühlacker fingen vor etwa 860 Jahren zwölf Mönche an, ein Kloster bauen. Der Ritter Walter von Lomersheim hatte sie aus dem Elsass hergebeten. Jedoch war ihnen der Standort zu schlecht und zu wasserarm, erzählt die Legende. Sie beluden ein Maultier mit den Klosterschätzen, ließen es laufen und folgten ihm. Mitten im Waldgebiet hielt das Maultier bei einer Quelle an, um zu trinken. An diesem Platz blieben die Mönche. Sie errichteten Hütten und begannen, eine Kirche zu bauen. Eine große Klosteranlage entstand: Maulbronn.

In der alten Mönchsregel des Benedikt von Nursia, der die Maulbronner Zisterziensermönche folgten, lautet ein Leitsatz: »Der Liebe zu Christus nichts vorziehen.« Der wichtigste Lebensinhalt für diese schweigsamen, oft sehr gelehrten, betenden Männer war die Liebe zu Christus. Warum konzentrierten sie ihre ganze Lebensgestaltung auf ihn? Wie konnte dieses karge Klosterleben für sie anziehend, befriedigend und ausfüllend sein? Hatten sie keinen Durst nach Leben, nach mehr Essen, mehr Wärme, mehr Schlaf, nach Familie, Bekanntschaft, Berufserfolg, nach Einkaufen, Reisen oder Feiern? Lebensdurst – oh ja, vermutlich schon! Aber sie hatten wohl eine Stimme gehört, der sie mit aller Kraft lauschen wollten: »Wen da dürstet, der komme zu mir und trinke!«, ruft Jesus.

Er ruft es auch in unsere Zeit. »Hat jemand von euch Lebensdurst?«, fragt Jesus. »Ich habe Lebenswasser.« Er fordert uns auf zu entdecken, was den Lebensdurst tatsächlich stillt.

Ein ungeheurer Durst steckt in jedem von uns Menschen. Schon beim Neugeborenen lässt er sich gut beobachten: wie es die Muttermilch in sich aufsaugt, gleichzeitig das Gefühl von Nähe, Schutz und Geborgenheit vermittelt bekommt! Das Kleinkind tastet nach der Mutterhand. Der sportliche Junge hastet dem Fußball hinterher. Der Abiturient kämpft um gute Noten. Die Berufstätige hofft auf die besser bezahlte Arbeitsstelle. Die Ruheständlerin wünscht sich einen ruhigen Lebensabend. Am Ende hat man vieles genossen, was man sich ersehnte, manchmal fast alles. Und doch bleibt eine Unzufriedenheit, eine Unruhe, ein inneres Verlangen nach mehr. Den tiefen Durst nach Leben, Kennzeichen jeder Menschenseele – wer kann ihn stillen?

»Wen da dürstet, der komme zu mir!«, ruft Jesus. Wer spürt, dass man mit Kaffee und Sekt nicht jeden Durst löschen kann, der komme. Wer einsieht, dass der Mensch nach mehr dürstet als nach einem gefüllten Konto und einem exotischen Urlaub, der komme. Wer zu ahnen beginnt, dass der Lebensdurst ungestillt bleibt, solange man nicht am echten Quellgrund des Lebens angekommen ist, der komme. Er komme mit seiner Unruhe, seiner Unausgefülltheit, seiner ständigen Angst, zu kurz zu kommen. Jesus bietet an, was wirklich fehlt: die freigeschaltete Verbindung zu dem Herrn, der Himmel und Erde gemacht hat. Der uns erdacht hat. Der uns Lebenszeit gönnt. Der uns Sonnentage und Regenerfrischung schickt. Kein seelenloser Kosmoscomputer, der eine ganze Weltgeschichte nach dem Zufallsprinzip ablaufen lässt. Sondern jemand mit Gesicht und Stimme, mit Herz und Gefühl, mit Weisheit und Barmherzigkeit: unser Vater im Himmel. Ihn kennen, das heißt leben. Ihn hören – damit fängt das Leben erst richtig an. Ihn anbeten, das allein lässt die Seele atmen. Auf ihn hoffen, an ihm hängen, zu ihm unterwegs sein – das befriedigt. Das erfüllt. Das erst stillt das angeborene, tiefe Verlangen nach Gott.

»Wen da dürstet, der komme zu mir und trinke.« Jesus wünscht, dass wir es ihm abnehmen: Der Gottesdurst kommt erst bei ihm, dem Gottessohn, zur Ruhe. Hier gibt es die Liebe, die überströmt. Hier gibt es die Vergebung, die alles Verfehlte gut macht. Das ist es, was wirklich den Durst der Seele stillt.

Herr, ich habe Durst nach Leben.
Stille meinen Hunger nach Liebe und Geborgenheit,
nach Hoffnung und Zukunft.
Mache du mein Leben reich
und erfrische mich auch an schweren Tagen mit deiner Güte.

Du bist die Quelle

*Ich schlepp mich durch die Tage,
bin ausgebrannt und leer.
Und in mir brennt die Frage:
Wo krieg ich Wasser her?
Mein Leben eine Wüste,
mein Weg verläuft im Kreis.
Allein würd' ich verdursten,
doch ich weiß:*

Du bist die Quelle, die meine Sehnsucht stillen kann.
Du bist die Quelle, fang in mir an.

*Die lange, weite Reise
war ohne dich geplant.
Ich fand mich ziemlich weise,
doch hab ich nicht geahnt:
Wer ohne Vorrat loszieht,
der schafft es nicht sehr weit.
Jetzt sitz ich hier
und meine Seele schreit:*

Du bist die Quelle, die meine Sehnsucht stillen kann.
Du bist die Quelle, fang in mir an.

*Quelle des Lebens, die allezeit fließt,
die täglich genug für mich hat.
Quelle des Lebens. Wer davon genießt,
den machst du stark und satt.*[25]

Christoph Zehendner

26
Bei Gott zu Hause

*So seid ihr nun nicht mehr Gäste und Fremdlinge,
sondern Mitbürger der Heiligen und Gottes Hausgenossen,
erbaut auf dem Grund der Apostel und Propheten,
da Jesus Christus der Eckstein ist.*

Epheser 2,19-20

In manchen Häusern ist es schön, zu Gast zu sein. Freundlich wird man begrüßt, die Jacke wird einem abgenommen, Stühle werden gerückt. Man wird liebevoll bewirtet. Jeder bedauert es, wieder gehen zu müssen, denn die Gastfreundlichkeit ist einem zu Herzen gegangen. Gerne kommt man einmal wieder, aber noch schöner müsste es sein, hier zu den Hausgenossen zu zählen. Die müssen sich nicht nur nach Knigge benehmen, immer höflich und zuvorkommend sein. Sie können sich in der freundlichen Atmosphäre auch einmal gehen lassen. Sie können Schwäche zeigen, Türen zuschlagen, den Frust herauslassen – und sie werden verstanden.

Das ist selbstverständlich: Unsere Kinder genießen bei uns dieses Hausrecht. Sie werden zu Hause erwartet, sie werden versorgt, sie genießen die gemeinsamen Mahlzeiten und uns Eltern als Ansprechpartner. Sie erfahren Liebe, Erziehung und Förderung. Sie kommen mit ihren Freuden und mit ihrem Frust. Alle Türen stehen ihnen offen. Selbst an Papas Bürotür klopfen sie selten an, sie platzen herein: Hausgenossenrecht.

Paulus sagt: Ihr seid Gottes Hausgenossen. Wer Jesus Christus zum Herrn hat, der ist bei ihm nicht nur Gast und schaut gelegentlich einmal herein – vielleicht bei einem Gottesdienst. Nein, Christen sind Hausgenossen. Das bedeutet: Sie haben ein Zuhause bei Gott. Sie leben im täglichen Umgang und in vertrauter Gemeinschaft mit Gott selbst.

Selbstverständlich – Hausgenossen kennen auch Pflichten. Wer in einer Hausgemeinschaft lebt, muss auch die Hausordnung anerkennen, sonst geht bald alles drunter und drüber. Wenn ich bei Gott zu Hause sein will, muss ich den Hausherrn und sein Wort achten und danach handeln. Dann werde ich erleben, welch ein Glück es ist, bei Gott Heimat zu haben, denn ich habe auch alle Rechte: Jesus wird mich tagtäglich versorgen und stärken. Ich erfahre seine Vaterliebe und Geborgenheit wie nirgends sonst auf der Welt. Er wird mir in Schwierigkeiten beistehen und Belastungen mittragen. Ich werde verstanden. Ich bin als geliebtes Kind angenommen und kann selbst die größte Schuld bei Gott abladen und Vergebung in Anspruch nehmen. Ich werde gefördert und in dem Bemühen zu reifen unterstützt.

In deinem Haus

In deinem Haus bin ich gern, Vater,
wo du mein Denken füllst;
da kann ich dich hören, Vater, sehn, was du willst.
In deinem Haus will ich bleiben, Vater,
du weist mich nicht hinaus,
und nichts soll mich vertreiben, Vater, aus deinem Haus.
Mich locken viele Sterne
an meinem Horizont,
sie weisen in die Ferne,
und jeder sagt mir, dass sein Weg sich lohnt.
In deinem Haus bin ich gern, Vater, weil du die Sonne bist
und nicht nur ein Stern, Vater, der mich vergisst.
In deinem Haus will ich bleiben, Vater; füll du mich völlig aus,
und nichts soll mich vertreiben, Vater, aus deinem Haus.
Nimm du aus meinem Sinnen
die alte Sattheit fort;
ich will ganz leer beginnen,
mich umgestalten lassen durch dein Wort.
In deinem Haus hör ich gern, Vater, was du zu sagen hast;
auch das will ich hören, Vater, was mir nicht passt.
In deinem Haus will ich bleiben, Vater; füll du mich völlig aus.
Dann kann mich nichts vertreiben, Vater, aus deinem Haus.
Ich gebe dir mein Leben,
die Sorgen und das Glück;
willst du mir's wiedergeben,
behalt, was dir an mir missfällt, zurück.
Mein ganzes Leben soll dein Haus sein, Vater –
dein Haus, das du für dich
nach deinen Plänen baust, mein Vater, und nicht für mich.
In diesem Haus sollst du bleiben, Vater, füll du es völlig aus,
und nichts soll dich vertreiben, Vater, aus diesem Haus.[26]

Manfred Siebald

Psalm 84

Wie lieb sind mir deine Wohnungen, Herr Zebaoth!
Meine Seele verlangt und sehnt sich nach den
Vorhöfen des Herrn;
mein Leib und Seele freuen sich in dem lebendigen Gott.
Der Vogel hat ein Haus gefunden und die Schwalbe
ein Nest für ihre Jungen –
deine Altäre, Herr Zebaoth, mein König und mein Gott.
Wohl denen, die in deinem Hause wohnen;
die loben dich immerdar.
Wohl den Menschen, die dich für ihre Stärke halten
und von Herzen dir nachwandeln!
Wenn sie durchs dürre Tal ziehen,
wird es ihnen zum Quellgrund,
und Frühregen hüllt es in Segen.
Sie gehen von einer Kraft zur andern und
schauen den wahren Gott in Zion.
Herr, Gott Zebaoth, höre mein Gebet;
vernimm es, Gott Jakobs!
Gott, unser Schild, schaue doch;
sieh doch an das Antlitz deines Gesalbten!
Denn ein Tag in deinen Vorhöfen ist besser als sonst tausend.
Ich will lieber die Tür hüten in meines Gottes Hause
als wohnen in der Gottlosen Hütten.
Denn Gott der Herr ist Sonne und Schild;
der Herr gibt Gnade und Ehre.
Er wird kein Gutes mangeln lassen den Frommen.
Herr Zebaoth, wohl dem Menschen, der sich auf dich verlässt!

27
Der Lastenträger

Gelobt sei der Herr täglich. Gott legt uns eine Last auf, aber er hilft uns auch.

Psalm 68,20

Man muss ihn als stärkstes Tier der Welt bezeichnen, den Herkuleskäfer. Mit seinen nicht einmal 100 Gramm Eigengewicht kann er eine Last von 85 Kilo stemmen. Das ist echt stark.

Wie gerne hätte ich solche Fähigkeiten. Aber ich habe nicht für alles Kraft. Ich kann nicht alles stemmen. »Du bist kein Goliat.«, sagte jemand während meiner Krankheitszeit zu mir. Und ich musste zustimmen. Nein, das bin ich wirklich nicht. Aber was half diesem muskelbepackten Philister seine körperliche Überlegenheit? Der kleine halbwüchsige David, der es in Gottes Namen mit ihm aufnahm, brachte ihn zur Strecke.

Ich muss meine Kräfte nicht mit einem Goliat messen. Meine Herausforderungen sehen anders aus, aber sie zehren an meiner Kraft. Die Last meiner Erkrankung erscheint mir zentnerschwer. Die vielfältigen Belastungen meines Alltags drücken mich nieder. Und es gibt Menschen in meinem Umfeld, an denen ich einfach schwer trage. Oft fühle ich mich wie ein Lastesel. Dann möchte ich auch wie ein Esel mit den Hinterbeinen ausschlagen, bocken und meine Last einfach abschütteln. Ich möchte mich beschweren: »Nicht noch mehr. Es ist zu viel!« Aber ich werde meine Lebenslasten nicht so leicht los. Sie sind mir auferlegt wie schwere Gepäckstücke. Sie *be*lasten mich.

Das Wort des Psalmisten macht mich stutzig: Gott legt uns eine Last auf, heißt es da. Ist es Gott, der mir meine Erkrankung wie schweres Gepäck aufgebürdet hat? Dann hängt mein Umgang damit ganz von meiner Einstellung Gott gegenüber ab. Wenn ich ihm mein Leben vertrauensvoll in die Hand geben kann und nicht ängstlich und voller Zweifel seine gute Absicht mit mir infrage stelle, dann kann ich mit Eduard Mörike sagen: »Gott schicke mir ein Liebes oder Leides, ich bin getrost, dass beides aus seinen Händen quillt.«[27] Eine vertrauensvolle Lebenshaltung Gott gegenüber löst mich aus der Klage, dem Aufbegehren und dem Neinsagen heraus. Dann liegt in der Tatsache, dass Gott mir meine Last zumutet, schon ein Trost und eine Hilfe. Gott traut mir diesen Kraftakt zu. Gott hat mein Leiden in seiner Länge und seiner Härte so bemessen, dass ich nicht davon erdrückt werde. Wie ein Spediteur das Zuladegewicht seines Lastwagens genau einhält, so lädt Gott mir niemals zu viel auf.

Mehr noch: Gott hilft mir auch. Er lässt mich mit meiner Last niemals alleine. Er hilft mir tragen. Er ist doch selbst der große Lastenträger, der diese Welt mit all ihrer Schuld und Not trägt und erträgt. Er hat die Tonnenlast meiner Sünde nach Golgatha hinaufgetragen. Für alle meine Lebenslasten darf ich es wissen:

»Wir haben einen Gott, der da hilft, und den Herrn, der vom Tode errettet« (Psalm 68,21).

Vater, im Himmel, du hast mir viel Gutes erwiesen,
lass mich auch das Schwere aus deiner Hand hinnehmen.
Du wirst mir nicht mehr auflegen, als ich tragen kann.
Herr Jesus Christus, du warst arm und elend,
gefangen und verlassen.
Du kennst alle Not der Menschen.
Du vergisst mich nicht.
Herr, was dieser Tag auch bringt –
dein Name sei gelobt![28]

Dietrich Bonhoeffer

Gottes ewige Weisheit

*Gottes ewige Weisheit hat von Ewigkeit her
das Kreuz ersehen,
das er dir als sein kostbares Geschenk aus seinem Herzen gibt;
er hat dieses Kreuz, bevor er es dir schickte,
mit seinen allwissenden Augen betrachtet,
es durchdacht mit seinem göttlichen Verstande,
es geprüft mit seiner weisen Gerechtigkeit,
mit liebenden Augen es durchwärmt.
Und er hat es gewogen mit seinen beiden Händen,
ob es nicht ein Milligramm zu schwer und
einen Millimeter zu groß sei.
Und er hat es gesegnet mit seinem allerheiligsten Namen,
mit seiner Gnade es durchsalbt,
mit seinem Troste es durchduftet,
und dann hat er nochmals auf dich und deinen Mut geblickt.
Und so kommt es schließlich
aus dem Himmel als ein besonderer Gruß Gottes an dich –
als ein Geschenk der all erbarmenden Liebe Gottes zu dir.*

Bischof Franz von Sales

*Gott ist treu, der euch nicht versuchen lässt über eure Kraft,
sondern macht, dass die Versuchung so ein Ende nimmt,
dass ihr's ertragen könnt.*

1. Korinther 10,13

28
Fürchte dich nicht

*Fürchte dich nicht, denn ich habe dich erlöst;
ich habe dich bei deinem Namen gerufen; du bist mein.*

Jesaja 43,1

»Fürchte dich nicht!« Unzählige Male lesen wir dieses Wort in der Bibel. Immer wieder spricht Gott es uns zu: »Fürchte dich nicht!« Gott kennt uns genau. Oh, wie furchtsam und ängstlich sind wir Menschen oft! Wir werden von Daseinsängsten geplagt. Werde ich dem Druck gerecht? Kann ich die erforderte Leistung bringen? Komme ich an? Kann ich mit meiner Erkrankung leben? Das sind Fragen, die mich umtreiben. Aber auch die Angst vor meiner Vergangenheit nimmt mich gefangen. Wird die Krankheit wieder aufbrechen? Habe ich nicht zu viele Altlasten im Gepäck? Wird die Schuld von gestern mich morgen wieder einholen? Und dann ist da meine Zukunftsangst. Was wird morgen sein? Habe ich Aussicht auf eine friedvolle Zukunft? Wie eifrig sind wir damit beschäftigt, uns für morgen abzusichern und unsere Zukunftschancen zu erhöhen. Doch auch dann noch bleibt die Angst vor dem Tod, vor dem einsamen Weg des Sterbens.

Allen unseren Ängsten ruft Gott sein tröstliches »Fürchte dich nicht« entgegen. Fürchte dich nicht, denn ich bin größer als alle deine Angst. Ich bin stärker. Ich vertreibe, was dich ängstigt und unruhig macht. Ich habe dich doch erlöst. So sagt es Gott den Israeliten damals in ihrer beängstigend ausweglosen Situation zu. In Babylon saßen sie als Gefangene, Deportierte – nach dem Krieg verschleppt in das Land des Gegners. Die Hoffnungslosigkeit hatte sich unter ihnen breitgemacht und die Furcht: Sollte es denn niemals mehr die Möglichkeit geben, als freies Volk in einem freien Land friedvoll zu leben?

Gott sagt: Erinnere dich doch: Schon einmal habe ich dich erlöst. Aus der Gefangenschaft in Ägypten habe ich dich befreit. Ich kann noch Größeres tun. Meine Kraft ist nicht zu Ende und meine Liebe zu dir bleibt. Ich setze mich für dich ein, denn du bist mein.

Gott erinnert auch mich: *Ich habe dich erlöst.* Damals auf Golgatha befreite dich Jesus von allem, was dich gefangen halten will. Deine Furcht und Angst muss nicht mehr sein. *Ich habe dich erlöst.* Deine Hoffnungslosigkeit und Einsamkeit muss nicht mehr sein. Ich habe dich frei gemacht. Deine Schuld und Selbstverachtung braucht dich nicht mehr zu quälen. Ich habe dich davon losgemacht. *Du bist mein!*, sagt Gott. Wer nur sich selbst gehört, der ist ganz auf sich gestellt und letztlich allein. Wer nirgendwo hingehört, steht in der Gefahr, von den Mächten dieser Welt abhängig zu werden. *Du bist mein!*, ruft Gott mir zu und breitet seine Arme aus, um mich in sein Herz zu schließen. Bei ihm bin ich geborgen, bewahrt und geschützt wie ein kostbarer Edelstein im Schmuckkästchen seines Besitzers. Wer Gott gehört, gehört auf die Seite des Siegers, des mächtigen Erlösers. Bei ihm kann ich furchtlos leben, täglich ermutigt von seinem *Fürchte dich nicht!*

Mein lieber, himmlischer Vater,
du kennst meine Ängste und Befürchtungen.
Mach mich los davon.
Danke für deinen Zuspruch.
Danke, dass ich ganz dir gehören darf.

Psalm 121

Ich hebe meine Augen auf zu den Bergen.
Woher kommt mir Hilfe?
Meine Hilfe kommt vom Herrn,
der Himmel und Erde gemacht hat.
Er wird deinen Fuß nicht gleiten lassen,
und der dich behütet, schläft nicht.
Siehe, der Hüter Israels
schläft und schlummert nicht.
Der Herr behütet dich;
der Herr ist dein Schatten über deiner rechten Hand,
dass dich des Tages die Sonne nicht steche
noch der Mond des Nachts.
Der Herr behüte dich vor allem Übel,
er behüte deine Seele.
Der Herr behüte deinen Ausgang und Eingang
von nun an bis in Ewigkeit!

Abendlied

*Mein schönste Zier und Kleinod bist
auf Erden du, Herr Jesus Christ;
dich will ich lassen walten
und allezeit in Lieb und Leid
in meinem Herzen halten.*

*Dein Lieb und Treu vor allem geht,
kein Ding auf Erd so fest besteht;
das muss ich frei bekennen.
Drum soll nicht Tod, nicht Angst, nicht Not,
von deiner Lieb mich trennen.*

*Dein Wort ist wahr und trüget nicht
und hält gewiss, was es verspricht,
im Tod und auch im Leben.
Du bist nun mein, und ich bin dein,
dir hab ich mich ergeben.*

*Der Tag nimmt ab. Ach schönste Zier,
Herr Jesu Christ, bleib du bei mir,
es will nun Abend werden.
Lass doch dein Licht auslöschen nicht
bei uns allhier auf Erden.*[29]

Johannes Eccard

29
Nicht müde werden

Darum werden wir nicht müde;
sondern wenn auch unser äußerer Mensch verfällt,
so wird doch der innere von Tag zu Tag erneuert.
Denn unsere Trübsal, die zeitlich und leicht ist,
schafft eine ewige und über alle Maßen
gewichtige Herrlichkeit.

2. Korinther 4,16

»Halt!«, möchte man dazwischenrufen. »Ich erhebe Einspruch!« Ich bin oft hundemüde, so todmüde, dass mir selbst ein Zwölfstundentag zu lang erscheint. Geschwächt von der Krankheit und der auszehrenden Behandlung bin ich oft nur noch erschöpft. Ja, ich werde müde. Mein Leiden erlebe ich alles andere als leicht. Eher wie eine bleischwere Last, deren Ende nicht in Sicht ist. Oft seufze ich: »Wie lange noch?« Also, wer solche Sätze schreibt, der versteht nichts, den hat das Leben wohl geschont, der hat keine Ahnung!

Doch, Paulus hat Ahnung. Er kennt nicht nur eigenes körperliches Leiden, sondern er erlebt tausend Schwierigkeiten in seinem Dienst für Gott. In Kapitel 11 dieses Briefes spricht er von Inhaftierung, von Misshandlungen, von Todesnot, von Schiffbruch, von Gefahren auf Reisen, von Mühe und Arbeit, Hunger und Durst, von den alltäglichen Herausforderungen und von seiner großen Sorge um die Entwicklung der Gemeinden. Doch – dieser Mann kennt Leid wie kein anderer. Wie kann er dann so reden?

Paulus sieht tiefer. Er sieht die vielen Äußerlichkeiten und Mühen seines Lebens. Er weiß, dass seine Kräfte einmal nicht mehr ausreichen und sein Leben einmal zu Ende gehen wird, aber Paulus hat sein Leben Jesus ausgeliefert. Er kann sagen (Galater

2,20): »Ich lebe, doch nun nicht ich, sondern Christus lebt in mir.« Und dieses Christusleben, dieser innere Mensch wird nicht vom Tode bedroht. Paulus erlebt, wie er innerlich gestärkt wird. Sein Christusleben wächst und gedeiht und wird täglich durch Gottes Geist erneuert. Paulus lebt aus der niemals versiegenden Kraftquelle, die Jesus heißt. Paulus hält sein äußeres Leid nicht für sinnlos. Es ist, als ob der Ackerboden gepflügt würde, damit gesät werden und der Same keimen und schließlich Frucht bringen kann.

Und Paulus sieht weiter. Wie ein Läufer das Ziel, das er erreichen will, fest in den Blick nimmt, so fasst Paulus das Ziel ins Auge. Heiko Krimmer formuliert: »Wir haben nicht die Verheißung eines leichten Lebens, aber die Gewissheit einer alles übertreffenden Herrlichkeit.« Der Lauf ist anstrengend, oft zäh und kräftezehrend, aber das Ziel ist gewiss. Die Ziellinie kommt! Wir werden sie mit Gottes Hilfe erreichen. Unser Ziel ist die ewige Heimat ohne Leid, ohne Schmerz, ohne eine Bedrängnis, mit der ewigen Freude, bei Gott getröstet zu sein. Diese herrliche Aussicht ist kein billiges Vertrösten auf ein vages Jenseits, sondern die helle Vorfreude auf eine wunderbare Zukunft. Gemessen an dem, was uns dort erwartet, ist das, was wir hier erleben und erleiden, gar nichts. Im Gegensatz zu Gottes Herrlichkeit wiegen unsere Bitterkeiten leicht. Gegenüber der nicht endenden Ewigkeit fällt unser Leid nicht ins Gewicht. Ich will mit Paulus wieder tiefer und weiter sehen lernen, den Blick auf das Ziel gerichtet.

Herr Jesus Christus, ich leide an meiner Begrenztheit,
an meiner Schwäche und Müdigkeit.
Stärke mir den Glauben
und schärfe meinen Blick für deine ewige Herrlichkeit.

Himmelan

Himmelan, nur himmelan soll der Wandel gehn!
Was die Frommen wünschen, kann dort erst ganz geschehn,
auf Erden nicht:
Freude wechselt hier mit Leid;
richt hinauf zu Herrlichkeit
dein Angesicht.

Himmelan schwing deinen Geist jeden Morgen auf!
Kurz, ach kurz ist, wie du weißt, unser Pilgerlauf.
Fleh täglich neu:
Gott, der mich zum Himmel schuf,
präg ins Herz mir den Beruf,
mach mich getreu!

Himmelan hat er dein Ziel selbst hinaufgestellt.
Sorg nicht mutlos, nicht zu viel um den Tand der Welt!
Flieh diesen Sinn!
Nur was du dem Himmel lebst,
dir von Schätzen dort erstrebst,
das ist Gewinn.

Himmelan erheb dich gleich, wenn dich Kummer drückt,
weil dein Vater, treu und reich, stündlich auf dich blickt.
Was quält dich so?
Droben in dem Land des Lichts
weiß man von den Sorgen nichts;
sei himmlisch froh.

Himmelan ging Jesus Christ mitten durch die Schmach;
folg, weil du sein Jünger bist, seinem Vorbild nach!
Er litt und schwieg.
Halt dich fest an Gott wie er;
statt zu klagen, bete mehr;
erkämpf den Sieg!

Halleluja singst auch du, wenn du Jesum siehst,
unter Jubel ein zur Ruh in den Himmel ziehst.
Gelobt sei er!
Der vom Kreuz zum Throne stieg,
hilft auch dir zu deinem Sieg;
gelobt sei er. [30]

Johann Gottfried Schöner

Nicht müde werden,
sondern dem Wunder
leise
wie einem Vogel
die Hand hinhalten.[31]

Hilde Domin

30
Dennoch bei dir

Dennoch bleibe ich stets an dir, denn du hältst mich bei meiner rechten Hand, du leitest mich nach deinem Rat und nimmst mich am Ende mit Ehren an.
Psalm 73,23-24

»Es ist zum Davonlaufen!« Haben Sie diesen Satz auch schon einmal gedacht?

Eine Frau spricht das aus: Viele Jahre war sie glücklich verheiratet, doch dann holte der Alltag ihre Beziehung ein. Die berufliche Belastung und die Kinder ließen kaum Zeit füreinander. Aus dem Nebeneinander wurde ein Gegeneinander. Streitereien und Unzufriedenheit prägten die gemeinsamen Stunden. – *Zum Davonlaufen?*

Ein junger Mann lässt seinen Frust heraus: Trotz seiner wenigen Freizeit beginnt er, neben seiner Ausbildung eine Jungschar zu leiten. Die Jungs sind anfangs mit Feuereifer dabei, doch dann kommen Woche für Woche immer weniger. Es gibt ja so viele Angebote. Bei den Andachten hört kaum noch einer zu und es wird gestört. – *Zum Davonlaufen?*

Die Bibel berichtet es: Die Jesusbewegung boomt. In Scharen laufen die Menschen Jesus nach. Er verwandelt Wasser in Wein. Er heilt unzählige Kranke. Er macht Tausende satt. Was für ein Mann! Seine Anhängerschaft wächst. Doch dann spricht er von seinem Leiden und von seinem Sterben und vom harten Weg der Nachfolge und viele seiner Jünger wenden sich von ihm ab. – *Zum Davonlaufen?*

Jesus hält seine Jünger nicht gewaltsam zurück. Er schwört sie nicht auf die gemeinsame Sache ein. Jesus gibt frei. Er stellt seine Jünger vor die entscheidende Frage, die jeder für sich beantworten muss (Johannes 6,67): »Wollt ihr auch weggehen?«

Jesus fragt mich persönlich: Willst du auch weggehen? Weil dir die Schwierigkeiten, die ein Leben mit Jesus bringt, zu hart sind? Weil du von Gott enttäuscht bist, der in deinem Leben so Schweres zulässt? Weil du fürchtest, über all dem Leid das Vertrauen in den himmlischen Vater zu verlieren?

»Herr, wohin sollten wir gehen?«, fragt Petrus zurück (Johannes 6,68). Ja, wohin?

Meinem Leben kann ich nicht so einfach eine andere Richtung geben. Mein Schicksal kann ich nicht wechseln wie ein schmutzig gewordenes Kleidungsstück. Flucht ist unmöglich, obwohl ich so gerne vor meiner persönlichen Not davonlaufen würde. Jesus dagegen könnte ich den Laufpass geben. Doch wohin? Wo finde ich einen, der mich so vorbehaltlos liebt, der mich mit unverbrüchlicher Treue begleitet, der mich durch das Elend trägt und mir trotz all meiner Ausweglosigkeit Hoffnung für morgen gibt?

Petrus erfasst die Lage (Johannes 6,68-69): »Herr, du hast Worte des ewigen Lebens; und wir haben geglaubt und erkannt: Du bist der Heilige Gottes.«

Sich von seinen Lebensworten loszusagen, hieße in den Tod laufen. Deshalb heißt es: dranbleiben an Jesus. Der Psalmist formuliert dieses herrlich trotzige «Dennoch«. »Dennoch bleibe ich stets an dir.« Trotz aller Not – ich halte an dir fest. Entgegen allen Widrigkeiten – ich klammere mich an dich. Weil Gott selbst mich hält und mich mit seiner rechten Hand verteidigt – deshalb bleibe ich an seiner Seite. Weil er mit mir durchhält und mich im ewigen Leben mit weit offenen Armen empfangen wird – deshalb bleibe ich dran an ihm.

O Herr, in deinen Armen bin ich sicher.
Wenn du mich hältst, habe ich nichts zu fürchten.
Ich weiß nichts von der Zukunft, aber ich traue auf dich.

Franz von Assisi

Ich steh in meines Herren Hand

Ich steh in meines Herren Hand
und will drin stehen bleiben;
nicht Erdennot, nicht Erdentand
soll mich daraus vertreiben.
Und wenn zerfällt die ganze Welt,
wer sich an ihn und wen er hält,
wird wohlbehalten bleiben.

Er ist ein Fels, ein sichrer Hort,
und Wunder sollen schauen,
die sich auf sein wahrhaftig Wort
verlassen und ihm trauen.
Er hat's gesagt, und darauf wagt
mein Herz es froh und unverzagt
und lässt sich gar nicht grauen.

Und was er mit mir machen will,
ist alles mir gelegen;
ich halte ihm im Glauben still
und hoff auf seinen Segen;
denn was er tut, ist immer gut,
und wer von ihm behütet ruht,
ist sicher allerwegen.

Ja wenn's am schlimmsten mit mir steht,
freu ich mich seiner Pflege;
ich weiß: die Wege, die er geht,
sind lauter Wunderwege.
Was böse scheint, ist gut gemeint;
er ist doch nimmermehr mein Feind
und gibt nur Liebesschläge.

*Und meines Glaubens Unterpfand
ist, was er selbst verheißen,
dass nichts mich seiner starken Hand
soll je und je entreißen.
Was er verspricht, das bricht er nicht;
er bleibet meine Zuversicht,
ich will ihn ewig preisen.*[32]

Philipp Spitta

31
Getröstet

*Gelobt sei Gott,
der Vater unseres Herrn Jesus Christus,
der Vater der Barmherzigkeit und Gott allen Trostes,
der uns tröstet in aller unserer Trübsal,
damit wir auch trösten können,
die in allerlei Trübsal sind,
mit dem Trost, mit dem wir selber
getröstet werden von Gott.*

2. Korinther 1,3-4

»Ihr seid ja wohl nicht ganz bei Trost!«, fuhr ich meine Jungs an, als diese meinten, mit dem Gartenschlauch unsere Fenster putzen zu können. Kaum ausgesprochen, hakte sich dieser Satz bei mir ein. Wer ist denn schon ganz bei Trost? Wer ist *ganz* getröstet? Wer lebt *ganz* im Frieden im Blick auf sich selbst und sein Leben, im Blick auf seine Mitmenschen und auf Gott?

Eine chinesische Legende erzählt von einer Frau, die über den Tod ihres Sohnes untröstlich war. Sie ging zu einem heiligen Mann und bat ihn um Hilfe. Er sagte zu ihr: »Bringe mir ein Senfkorn aus einem Hause, das niemals Leid kennengelernt hat. Damit werden wir den Kummer aus deinem Leben vertreiben.« Die Frau machte sich auf die Suche nach diesem besonderen Senfkorn. Sie kam an ein prächtiges Haus, klopfte und brachte ihre Bitte vor: »Ich suche ein Haus, das niemals Leid erfahren hat. Ist hier der richtige Ort?« Aber die Bewohner dieses schönen Hauses erzählten ihr all das Unglück, das sich bei ihnen ereignet hatte, und die Frau blieb, um zu trösten. Dann suchte sie weiter ein Haus ohne Leid. Aber wohin sie sich auch wandte – kleine Hütten, große Paläste – überall begegnete ihr Leid. Über dieser Erfahrung vergaß sie die Suche nach dem Senfkorn, doch der Schmerz ihres Lebens war gebannt.

Unsere Welt ist voll von trostlosen Gestalten und untröstlichen Menschen. Wo finden wir Trost, echten Trost? Unsere gut gemeinten Trostworte sind oft nur billige Trostpflaster für tiefe Wunden. Unser »Kopf hoch, es wird schon wieder!« ist ein miserables Seelentrösterchen. So ehrlich wir uns mühen – es fehlt uns an Verständnis und Einfühlungsvermögen für die Not des anderen. Ich habe manch ein Gespräch in schmerzlicher Erinnerung. Da öffnet man sich nach einem freundlichen »Wie geht's?« und erzählt von seinem Ergehen. Doch man bekommt nur ein »Ich kenne das auch!« zu hören und einen langen Bericht über die eigenen Erfahrungen des Gegenübers. Bekümmert hört man zu und fragt sich: »Ist mein Erleben nun nichts?«

Nie können wir das Leid eines anderen begreifen. Wir stecken nicht in der Haut des anderen, wir sehen nicht mit seinen Augen und fühlen nicht mit seinem Herzen. Der Einzige, der mitfühlen und mitleiden kann, ist Jesus Christus, der Gott allen Trostes. Er kennt mich besser, als ich mich selbst kenne. Er begreift mein Denken und Fühlen. Er ergreift mich mit seinen Armen der Liebe. Er tröstet mich auch in meinen schlimmsten Stunden mit seiner Gegenwart.

Selbst getröstet kann ich dann auch andere trösten. Allerdings nicht, indem ich von meinen Leiderfahrungen spreche, sondern indem ich weitergebe, wie Gott mich darin getröstet hat.

Herr, ich suche deinen Trost.
Ich bin traurig und zerschlagen.
Sei du bei mir auch in den schlimmen
Stunden dieses Tages.
Deine Gegenwart tröstet mich.

Tröstet, tröstet mein Volk!

Tröstet, tröstet! Tröstet, nun tröstet mein Volk.
Tröstet! Tröstet! So spricht der Herr, euer Gott.

In der Wüste entsteht eine Bahn.
Für den Herrn! Er selbst kommt bei euch an.
Täler der Zweifel und Berge von Schuld
macht er eben mit Kraft und Geduld.

Bei Gefangnen der Trostlosigkeit
taucht er auf, der euch alle befreit.
Sünde und Strafe: denkt nicht mehr daran!
Ist vorbei! Er fängt neu mit euch an.

Schwach und schwankend wie Gras ist das Volk.
Hat die Predigt vom Trost hier Erfolg?
Aber das Wort unsres Gottes kommt an!
Kraft der Ewigkeit! Schaut, was sie kann!

Freudenbotschaft: Ruft sie laut hinaus!
Werft die Trauer, die Angst aus dem Haus!
Seht, das ist Gott, unser Gott, welch ein Herr!
Als der Hirte und Tröster kommt er![33]

Tobias Eißler

32
Mein Hirte

Der Herr ist mein Hirte.

Psalm 23,1

»Alle Bücher, die ich gelesen, haben mir nicht den Trost gegeben, den mir das Wort in der Bibel, Psalm 23,4 gab: Ob ich schon wanderte im finsteren Tal, fürchte ich kein Unglück, denn du bist bei mir.« So bekannte es der Königsberger Philosoph Immanuel Kant.

Das Wort von dem tröstlichen Begleiter im finsteren Tal – kann ich es in angsterfüllter Zeit noch glauben? Das Wort von dem führungsstarken Hirten auf dem Lebensweg – stimmt das noch in meiner unsicheren und unübersichtlich gewordenen Welt?

»Der Herr ist mein Hirte.« Sobald wir das hören, erinnern wir uns an irgendein Gemälde oder an ein Bilderbuch, das uns den guten Hirten vor Augen gestellt hat. Vielleicht eine Spur zu harmlos, etwas zu sanft und zu süßlich. Ein orientalischer Hirte der damaligen Zeit ist kein süßlich-sanfter Typ. Er braucht Kraft, Mut und Ausdauer. Er braucht den scharfen, aufmerksamen Blick für das Einzeltier. Er braucht einen hervorragenden Orientierungssinn. Sonst hat er keine Chance, seine Herdentiere in der trockenen judäischen Steppe mit ihren schmalen Felseinschnitten und mit ihren Raubtieren, die nachts auf die Jagd gehen, durchzubringen. Der Hirte des Psalms 23 ist eine stattliche Figur, drahtig und selbstbewusst.

So ist Gott für mein Leben. Ungeheuer tröstlich ist es, diesen starken Hirten stets vor sich und über sich zu haben! Seit Jesus von Nazareth gesagt hat (Johannes 10,11): »Ich bin der gute Hirte«, kennen wir ihn noch genauer. Wir erkennen den freundlichen Menschenhirten, der auch heute mit seiner lebendigen Anrede auf uns zukommt: Seid getrost, ich bin's; fürchtet euch nicht.

Wenn ein orientalischer Hirte eines seiner Herdentiere sieht, wie es aus seinem Gesichtskreis Richtung Schlucht verschwindet, dann läuft er und holt es zurück, holt es weg vom abschüssigen Gelände, heraus aus den Dornen, heraus aus der dunklen Gefahrenzone. Genauso hat es Jesus Christus gemacht. Er hat gesehen, wie gefährlich wir Menschen unterwegs sind, hinaus aus Gottes Gesichtskreis, hinein in Schuld und Verwirrung, hinunter schließlich in den Tod und in die Gottverlorenheit. Jesus Christus ist hineingelaufen in unsere Welt. Hat uns aus Leibeskräften gerufen. Hat an seinem Kreuz die Arme nach uns ausgestreckt. Glauben heißt: sich von ihm ergreifen zu lassen. Sich aus dem Schicksal Schuld und Tod herausholen zu lassen. Sich von ihm hinein in ein weites Lebensland leiten zu lassen. In Gottes neue Welt. In den Himmel.

»Meine Schafe hören meine Stimme ... und ich gebe ihnen das ewige Leben«, sagt Jesus (Johannes 10,27-28). Deshalb ist kein Fürchten oder Verzweifeln mehr dran! Der gute Hirte leitet mit sicherer Hand. Er sorgt unendlich gut für mich. Er ernährt mich täglich mit seinem Leben spendenden Wort und erfrischt mich mit Lebenswasser. Er nimmt sich meiner verletzten Seele an. Er weicht auch im finsteren Tal nicht von meiner Seite und schützt mich. Er lässt sich keines von denen rauben, die er mit Namen ruft – auch mich nicht. Bei diesem guten Hirten ist mein Leben geborgen.

Du bist mein Hirte, guter Herr.
Du sorgst für mich, du schützt mich,
du leitest mich, du hilfst mir auch
durchs dunkle Tal hindurch.
Vergib mir meinen Kleinglauben.
Lehre mich, dir völlig zu vertrauen.

Psalm 23

Der Herr ist mein Hirte,
mir wird nichts mangeln.
Er weidet mich auf einer grünen Aue
und führet mich zum frischen Wasser.
Er erquicket meine Seele.
Er führet mich auf rechter Straße um seines Namens willen.
Und ob ich schon wanderte im finstern Tal,
fürchte ich kein Unglück;
denn du bist bei mir,
dein Stecken und Stab trösten mich.
Du bereitest vor mir einen Tisch
im Angesicht meiner Feinde.
Du salbest mein Haupt mit Öl
und schenkest mir voll ein.
Gutes und Barmherzigkeit werden mir folgen
mein Leben lang,
und ich werde bleiben im Hause des Herrn immerdar.

33
Engel für mich unterwegs

Denn er hat seinen Engeln befohlen,
dass sie dich behüten auf allen deinen Wegen,
dass sie dich auf den Händen tragen
und du deinen Fuß nicht an einen Stein stoßest.

Psalm 91,11-12

Sind Ihnen schon einmal Engel begegnet? Sind Sie schon einmal mit den dienstbaren Geistern Gottes zusammengetroffen?

Friedrich von Bodelschwingh erzählt eine nette Begebenheit aus seiner Kindheit:

»Als im Herbst das Obst reif an den Bäumen im Garten hing, hatte uns der Vater streng verboten, auf die Bäume zu klettern. Wir durften nur von den heruntergefallenen Früchten essen. Aber einmal hatte ich das Verbot doch übertreten und war heimlich auf einen Baum geklettert. Dabei zerriss ich mir unglücklich den Hosenboden. Heimlich schlich ich mich mit einem bösen Gewissen nach Hause. Dabei drehte ich mich immer so geschickt, dass keiner den Schaden entdecken konnte. Nach dem Abendbrot ging ich in mein Zimmer, besah dort erst richtig voll Entsetzen die zerrissene Hose und legte sie zuunterst auf den Stuhl, alle anderen Kleidungsstücke geschickt darüber. Dann kniete ich am Bett nieder, um mein Abendgebet zu sprechen: »Lieber Gott, ich bin heute ungehorsam gewesen. Vergib mir doch und mach, dass morgen früh meine Hose wieder heil ist!« – In diesem Augenblick ging meine Mutter an der Kinderzimmertür vorbei, blieb einen Augenblick stehen und hörte mein Gebet. Dann ging sie lächelnd weiter. Dem Vater sagte sie nichts. Sie wollte eine Handlangerin Gottes sein. Als ich fest eingeschlafen war, nahm sie die zerrissene Hose und machte sie wieder heil. Dann legte sie die Hose so hin, wie sie unter dem

Berg von Kleidern gelegen hatte. – Als ich am nächsten Morgen erwachte, war mein erster Griff nach der Hose. Welch ein Wunder, die Hose war wieder in Ordnung! – Ich weiß noch wie heute, dass dieses Erlebnis, wo Mutter ein Engel gewesen war, meinen Kinderglauben mächtig stärkte.«[34]

Menschen können für uns zu solchen Handlangern Gottes, zu Engeln, werden. Ich denke dankbar an die freundliche Arzthelferin zurück, die mit aufmunternden Worten und großer Geduld die Infusion am Laufen hielt. Oder an die treue Freundin, die unsere Gefriertruhe füllte und ein Essen brachte, wohl wissend, dass das Kochen für mich zum Kraftakt geworden war. Oder an den Arzt, der durch Telefonate mit einer italienischen Universitätsklinik unseren Urlaub rettete. Menschen können gelegentlich zu »Engeln« werden.

Aber Gott befiehlt seinen himmlischen Heerscharen. Für seine Kinder schickt er sie aus. Den Apostel Petrus befreit ein Engel aus dem Gefängnis, damit er wieder predigen kann. Den Diakon Philippus schickt ein Engel auf die richtige Landstraße, damit das Evangelium durch einen äthiopischen Minister auch Afrika erreicht. Den Hirten lässt Gott Engel aufmarschieren, damit sie die Geburt des Heilands nicht verpassen. Gott setzt seine Engel auch für mich in Bewegung. Er trägt ihnen auf, meinen Weg zu überwachen. Ich bin unterwegs mit starker Rückendeckung und mit einer aufmerksamen Vorhut. Ich darf mich geborgen wissen, Gott umgibt mich mit seinen Engelscharen. Gott nutzt alle seine Möglichkeiten, um mich zu begleiten, zu führen, zu schützen und mir sein Wort zu erklären. Er sendet seine Engel. Ich staune, wie liebevoll sich Gott gerade auf schweren Wegstrecken um mich sorgt. Johann Albrecht Bengel hat recht. »Gott räumt nicht jedes Leiden aus dem Weg, aber er führt hindurch.« Er scheut keinen Aufwand, um meinen Lebensweg zu behüten und sicher zu machen. Er tut alles, damit mein Leben ans Ziel kommt.

*Das walte Gott, Vater, Sohn und Heiliger Geist! Amen.
Ich danke dir, mein himmlischer Vater,
durch Jesus Christus, deinen lieben Sohn,
dass du mich diese Nacht vor allem
Schaden und Gefahr behütet hast,
und bitte dich, du wollest mich diesen
Tag auch behüten vor Sünden und allem Übel,
dass dir all mein Tun und Leben gefalle.
Denn ich befehle mich, meinen Leib und
Seele und alles in deine Hände.
Dein heiliger Engel sei mit mir,
dass der böse Feind keine Macht an mir finde.*

Morgensegen von Martin Luther

Er sendet seine Engel

*Wenn sich Risse zeigen in der heilen Welt
und wenn nichts mehr so gilt, wie es einmal war.
Wenn der Traum vom Glück in sich zusammenfällt,
dann gerät auch unsre Hoffnung in Gefahr.
Wenn die Zeiten schlechter werden,
brauchen wir nicht mutlos sein.
Denn wir halten daran fest:
Gott lässt uns nicht allein!*

Er sendet seine Engel, Boten seiner Liebe.
Er sendet seine Engel, Boten seiner Macht.
Auf allen unsern Wegen
sind sie um uns her,
auf allen unsern Wegen,
bei Tag und Nacht.

*Wenn der Mensch an seinem sturen Ich erkrankt,
und der Eigensinn selbst in die Liebe dringt.
Wenn der Boden unter unsern Füßen schwankt,
weil die Treue immer seltener gelingt.
Wenn die Zeiten schlechter werden,
brauchen wir nicht mutlos sein.
Denn wir halten daran fest:
Gott lässt uns nicht allein!*

*Wenn die Sorgen wuchern wie ein Krebsgeschwür
und wir sehen um uns her nur Schmerz und Leid.
Wenn wir zweifelnd suchen nach dem Grund dafür
und uns schwant: Wir alle sind dem Tod geweiht.
Wenn die Zeiten schlechter werden,
brauchen wir nicht mutlos sein.
Denn wir halten daran fest:
Gott lässt uns nicht allein!*[35]

Christoph Zehendner

34
Meine Zeit in Gottes Hand

Meine Zeit steht in deinen Händen.
Psalm 31,16

Unsere moderne Welt ist geprägt von Hektik, von Zeitnot und Eile. Prall gefüllte Terminkalender tragen wir als Zeichen für unsere Wichtigkeit mit uns herum. »Keine Zeit!«, ist zu dem am häufigsten geäußerten Satz unserer Gesellschaft geworden. Stress ist ein Hauptleiden unserer Tage. Wir rennen durch das Leben, gejagt von der Angst, etwas zu verpassen, und in großer Hast. Trotzdem vertrödeln wir dabei viel Zeit. Der zur Zeitersparnis angeschaffte Computer raubt uns etliche Extrastunden. In unseren schnellen Autos stecken wir im Stau und lassen viel Zeit auf der Strecke. In vollen Wartezimmern schlagen wir die Zeit tot. Wir vertreiben uns die Zeit mit tausend Nichtigkeiten und finden kaum mehr Raum für unser Miteinander, für ein gutes Gespräch und herzliche Gemeinschaft.

Erst spät wird uns bewusst, wie viel Zeit wir unnütz vergeuden. »All meinen Besitz für einen Augenblick Zeit!«, soll Königin Elisabeth I. auf ihrem Sterbebett gesagt haben. Oft wird uns erst dann klar, wenn unser Leben in Gefahr ist, wie wertvoll und unwiederbringlich jede Stunde unserer Lebenszeit ist. Dann beginnen wir, bewusster zu leben. Das fröhliche Kinderlachen, der klare Wintertag, der gedeckte Tisch. Alles, was ich erlebe, ist ein Gruß und Geschenk meines Schöpfers an mich. Er hat mir dieses kostbare Stück Lebenszeit anvertraut. Vor lauter Betriebsamkeit vergesse ich es: Meine Lebenszeit ist von Gott geschenkte Zeit. Jeder neue Tag, jedes neue Lebensjahr kommt aus seinen Händen. Doch meine Zeit ist endlich. Deshalb wird es höchste Zeit, innezuhalten und ehrlich zu prüfen: Wofür nehme ich mir Zeit? Wo vergeude ich Zeit? Wie kann ich einen gesunden Wechsel von Arbeit, Freizeit und Ruhe einüben? Wo sollte ich meine Prioritäten neu ordnen? Wie lässt sich scheinbar verlorene Zeit besser nutzen?

Im Behandlungszimmer des Onkologen saß mir ein Lehrer gegenüber. Schon acht Jahre lang kämpfte er gegen den Krebs, doch er sagte: »Ich will meiner Krankheit nur so viel Platz einräumen, wie sie unbedingt braucht.« Diese Aussage hat mich angeregt, die vielen Stunden der Chemotherapie zu nutzen. Ich nahm mir Schreibzeug mit, las ein gutes Buch, suchte das Gespräch mit meinem Herrn oder hielt bewusst eine Ruhezeit und sprach mit den Leidensgenossen. Ich war selbst verwundert, wie aus langen Wartezeiten erfüllte Zeit wurde.

Auch heute, wenn meine Tage wieder dicht gefüllt sind, will ich mir diese Erfahrung nicht mehr nehmen lassen. In alter Zeit deutete man die Linien in den Händen als zwei große M. *Memento mori*, sagt der Lateiner. »Bedenke, dass du sterben musst.« Wie zur Erinnerung ist es in unsere Handflächen eingegraben: Dein Leben ist endlich. Du musst es jetzt schon fest mit dem Herrn des Lebens verbinden. Dann wird deine Zeit in die Ewigkeit einmünden. Deshalb will ich mir vor allem anderen Zeit nehmen, um den Herrn über Zeit und Ewigkeit besser kennen- und lieben zu lernen, der mir nach dieser Zeit die Tür zur Ewigkeit aufschließen will. Meine Zeit ist in seinen Händen gut aufgehoben.

Ewigkeit – in die Zeit
leuchte hell herein,
dass uns werde klein das Kleine
und das Große groß erscheine,
selge Ewigkeit!

Marie Schmalenbach

Meine Zeit

Meine Zeit steht in deinen Händen.
Nun kann ich ruhig sein, ruhig sein in dir.
Du gibst Geborgenheit,
du kannst alles wenden.
Gib mir ein festes Herz,
mach es fest in dir.

Sorgen quälen und werden mir zu groß.
Mutlos frag ich: Was wird morgen sein?
Doch du liebst mich, du lässt mich nicht los.
Vater, du wirst bei mir sein.

Hast und Eile, Zeitnot und Betrieb
nehmen mich gefangen, jagen mich.
Herr, ich rufe: Komm und mach mich frei!
Führe du mich Schritt für Schritt.

Es gibt Tage, die bleiben ohne Sinn.
Hilflos seh ich, wie die Zeit verrinnt.
Stunden, Tage, Jahre gehen hin
und ich frag, wo sie geblieben sind. [36]

Peter Strauch

35
Tränen

*Und Gott wird abwischen alle Tränen von ihren Augen,
und der Tod wird nicht mehr sein,
noch Leid noch Geschrei noch Schmerz wird mehr sein.*

Offenbarung 21,4

»Sei doch keine Heulsuse!« »So wein doch nicht.« Vielleicht haben Sie solche Sätze von Kindheit an gehört. Vielleicht haben Sie eingeübt, nicht zu weinen. Oder nehmen uns die täglichen Darstellungen von Grausamkeiten und Schrecken in Funk und Fernsehen die Fähigkeit zu echter Traurigkeit? Tränen sind nicht gesellschaftsfähig. Wir sind daran gewöhnt, einen zutiefst menschlichen Ausdruck zu unterdrücken: das Weinen.

Große Menschen der Bibel haben sich ihrer Tränen nicht geschämt. David weinte beim Abschied von seinem Freund Jonathan. Nehemia, der Mundschenk des Königs Artaxerxes, weinte tagelang, als ihn die Nachricht erreichte, dass seine Heimatstadt Jerusalem zerstört sei. Jesus weinte beim Anblick Jerusalems über die Verlorenheit und den Unglauben der Menschen, die das Werben Gottes in den Wind schlugen.

Auch wir brauchen uns unserer Tränen nicht zu schämen. Wir können dazu stehen, dass uns manchmal zum Weinen zumute ist. Zu dieser Welt und zu unserem Leben mit all seinen Schönheiten und Freuden gehört auch die Traurigkeit. Tränen zu unterdrücken und immer den Starken spielen zu müssen, schadet uns. Wer über seinen Kummer oder aus Mitleid, vor Rührung, Wut, Angst oder Reue weinen kann, betreibt Seelenhygiene. Tränen waschen die Seele rein. »Im Strom der Tränen wird das Alte fortgeschwemmt; wie einem reinigenden Bad entsteigt die Seele solchem Weinen«, sagt der Kirchenvater Augustinus.

Gott nimmt unsere Tränen wahr. Er nimmt Anteil an all unseren Traurigkeiten. Jede unserer Tränen sammelt er in einen Krug, so sagt es der Psalmbeter (Psalm 56,9). Gott wird all unseren Kummer mit Freude aufwiegen. Er wird alle Tränen abwischen von unseren Augen. Die Fülle seines Trostes wird er uns schenken, wenn wir nach der langen Wanderung durch das Tränental im Land der ewigen Freude angekommen sind. Dort werden keine Tränen mehr geweint. Tod, Leid, Geschrei und Schmerz – alles, was uns hier die Tränen in die Augen treiben möchte, gibt es dort nicht mehr. Denn Gott hat alles neu gemacht. Wir werden lachen und strahlen vor Freude.

Meine Tränen, Herr, wirst du in Freude verwandeln.
Du versprichst, du machst alles neu.
Du gibst Zukunft.
Ich bitte dich: Komme bald, Herr Jesus.

Operation Salomon

Es geschah am 25. Mai 1991 in Israel. Mit einer weltrekordverdächtigen Luftbrücke holte Israel innerhalb von 35 Stunden und 25 Minuten 14 087 äthiopische Juden heimlich, aber mit vollem Wissen der Presse aus dem umkämpften Addis Abeba. Die Einheimischen hatten diese Juden immer nur *Falaschen* – Fremde – genannt, obwohl sie wohl seit 3000 Jahren in dem afrikanischen Land lebten. Sie selbst verstehen sich als Nachkommen von König Salomo und der Königin von Saba.

Alle EL AL-Flugzeuge waren vom israelischen Militär eingezogen und vollgetankt nach Addis Abeba geschickt worden. Alle halbe Stunde landeten jeweils drei Flugzeuge. In allen Maschinen hatte man die Sitze ausgebaut und durch Matratzen ersetzt. Innerhalb von Minuten wurden Hunderte afrikanischen Juden so eng wie möglich in die Passagierräume gesetzt, in einen Jumbo sogar 1 135 Leute. Im Direktflug, ohne noch einmal aufzutanken, ging es zurück ins Gelobte Land. EL AL musste nicht einmal den Flugplan ändern, denn die nationale israelische Fluggesellschaft fliegt sonst am Sabbat nicht.

In Israel stiegen die Menschen glücklich aus. In ihren schlichten Gewändern lächelten sie jeden an und sagten: »Shalom« – das einzige hebräische Wort, das sie kannten. Kleine Kinder, barfuß, in Lumpen, teils ohne Hose. Zwölf bis dreizehn Jahre alte junge Mütter, mit den Babys auf den Rücken geschnallt. Ein alter Mann mit einem Fliegenbesen in der Hand, dem einzigen Besitz, den er jetzt noch hatte. Soldaten standen bereit, um den Einwanderern zu helfen, ihren Durst zu stillen, sie zu waschen, ihnen die Funktionsweise von Wasserhahn und Toilette zu erklären und sie mit Keksen und Bonbons willkommen zu heißen.

Der Fallschirmspringer Noach, Sohn irakischer Einwanderer, war mit einer Klopapierrolle bewaffnet, um den vielen Kleinkindern die laufenden Nasen zu putzen. Dem Soldaten und manch anderem Beteiligten standen die Tränen in den Augen vor Aufregung und Mitgefühl. »Das ist der wahre Exodus der Kinder

Israels«, sagte ein Soldat. Nach 2 400 Jahren kamen diese Juden zurück in ihre Heimat.

Wie wird das sein, wenn *wir* heimkommen in unsere himmlische Heimat?

Gott wird abwischen alle Tränen von ihren Augen,
und der Tod wird nicht mehr sein,
noch Leid noch Geschrei noch Schmerz wird mehr sein;
denn das Erste ist vergangen.
Und der auf dem Thron saß, sprach:
Siehe, ich mache alles neu!

Offenbarung 21,4-5

Statt eines Nachworts

Und doch bei dir geborgen...
So habe ich dieses Buch überschrieben. So habe ich es in meinem Leben erlebt. Ein Leben als Christ ist niemals frei von Problemen und von Schwierigkeiten. Jesus verspricht denen, die ihm folgen, nicht das Blaue vom Himmel nach dem Motto: »Komm zu Jesus und alles wird gut.« Nein, gerade Christen kennen tiefe Krisen. Da geht es ihnen nicht besser als anderen, aber Christen sind besser dran. Sie sind *dennoch* bei Jesus geborgen. Sie können trotz allem hoffnungsfroh sein. Sie erleben Gott gerade in der Krise als den treuen und absolut verlässlichen Herrn.

Mit meinen Kleinkindern war ich oft zu Fuß unterwegs. Anfangs lieben die Kleinen es, wenn sie an der Hand mitlaufen können. Dann aber kommen Neugier und Entdeckergeist, bei dem Mamas Hand nur einengt. So gehen sie ihre eigenen Wege. Unser Spazierweg in Mundelsheim führte uns immer wieder an einem eingezäunten Grundstück vorbei, das von einem laut bellenden Hund bewacht wurde. Wenn wir dort vorüberkamen, kam auch das größte »Hänschenklein« schnell wieder von seinen Entdeckungstouren an meine Hand zurück.

Für mich war es schon seit meiner Kindheit ein fester Entschluss, an der Hand Gottes, die er uns in Jesus entgegenstreckt, durchs Leben zu gehen. Sicher habe ich mich in Eigensinn und Selbstvertrauen auch oft von dieser Hand entfernt, aber gerade die harten und schweren Zeiten ließen mich immer wieder an die Hand Gottes flüchten. Solch eine harte Zeit traf uns in Tübingen wie ein Blitz aus heiterem Himmel. Wir waren eine junge, fröhliche Familie mit zwei Kindern, damals drei und ein Jahr alt. Ich genoss es, als Mutter ganz für meine Kinder da sein zu können. Mein Mann hatte in eben dieser Woche eine Promotionsarbeit zu Ende gebracht. Wir hätten uns nun freuen und zusammen feiern sollen, aber stattdessen dieser Schlag: Mein Arzt eröffnete mir nach unzähligen Untersuchungen: »Frau

Eißler, Sie haben einen bösartigen Tumor: Morbus Hodgkin, Krebs.«

Ich – Krebs! Angst trieb mich um. Was wird werden? Ich will doch meine Kinder versorgen. Ich will erleben, wie sie aufwachsen, will ihnen ins Leben helfen. Und nun stand hinter meinem Leben ein großes Fragezeichen. Warum trifft mich dieses Schicksal? Wird der Krebs mich besiegen oder werde ich es schaffen?

Doch dann wich die Unruhe einem völligen Stillesein. Es entsprang dem tiefen Vertrauen: Über mich bestimmt der Herr aller Welt, der Sieger über Hölle, Tod und Teufel: Jesus Christus. An seiner Hand gehe ich, egal, wie der Weg aussehen mag.

Ich hatte Glück im Unglück: Von vorneherein durfte ich mit einer Heilungschance von 90 Prozent rechnen. Trotzdem bewegte mich immer wieder die Frage: Was, wenn ich zu den 10 Prozent der Verlierer gehöre? Immer wieder flüchtete ich mich in die Hand Gottes: Dennoch bleibe ich an dir, oder wie Paul Gerhard es in einem alten Choral ausdrückt: *Ich steh in meines Herren Hand und will drin stehen bleiben, nicht Erdennot, nicht Erdentand soll mich daraus vertreiben.*

Jetzt hieß es, den Kampf aufzunehmen gegen diese todbringende Krankheit und täglich auf Gottes Wunder zu hoffen. Unser dreijähriger Sohn begrüßte mich eines Tages mit den Worten: »Gell, Mama, du bist krank, aber der Herr Jesus macht dich wieder gesund!« In solch kindliches Vertrauen wollte ich mich einüben. »Er kann alles ändern!« – diesen Psalmvers klebte ich mir unübersehbar an meine Kühlschranktür. Das war mir eine Hilfe, wenn ich mir wieder so hilflos und ausgeliefert vorkam, abhängig von Ärzten, Schwestern, Maschinen, schwersten Medikamenten. Hatte ich mein Leben überhaupt noch im Griff? Gott hat mich in seiner Hand, das wollte ich glauben. Da wollte ich auch sein, denn egal, was sein würde, bei ihm ist Herrlichkeit.

Nach zwei Chemotherapien erfolgte die erste Zwischenuntersuchung und danach das große Aufatmen: Die Therapie schlug an, und das sogar sehr gut. Wie dankbar war ich. Die Gewissheit, dass ich wieder gesund werden würde, wich von da an nicht mehr von mir.

Nach vier Chemotherapien und einer anschließenden Strahlenbehandlung sprang ich glücklich vom Strahlentisch. Der Kampf war vorbei. Gott sei Dank. Ich hatte den Krebs vorerst besiegt. Nein, Gott hatte gesiegt.

Die Ärzte dämpften meine Freude und machten mir klar, dass man nur hoffen könne, dass diese heimtückische Krankheit nicht wieder aufbricht. Ja, dachte ich, hoffen will ich! Ich will mich nicht Ängsten um meine Zukunft hingeben. Immer wieder, wenn sie mich überfallen wollen, weise ich sie zurück und verweise auf den Herrn, an dessen Hand ich unterwegs bin. Ich habe in diesen Monaten Gott als Sieger über meine Krankheit erlebt. Im Vertrauen auf ihn gehe ich jeden Schritt und lobe ihn für jeden gesunden Tag.

Drei Monate nach Beendigung meiner Therapie wurde unser Vertrauen wieder auf die Probe gestellt. Ich erwartete unverhofft ein Kind. Der Frauenarzt warnte: »Das schaffen Sie nicht. Das Kind wird eventuell behindert sein.« Aber für mich war klar: Ich kann nicht mein eigenes Leben neu gewonnen haben und nun solch ein zerbrechliches, junges Leben zerstören. Gespannt erwarteten wir dieses Kind. Im Oktober 2000, 16 Monate nach meiner Krebsdiagnose, hielten wir unseren Stefan in den Armen, einen gesunden und kräftigen Jungen. Täglich erinnert er uns an Gottes Siegeskraft. Drei Jahre später kam auch unser Reinhard zur Welt, ein Energiebündel bis heute. Ich selbst konnte gesund und fröhlich meinen Familienbetrieb managen. Da sahen wir auch dem fünften Kind erwartungsvoll entgegen. Im großen Mundelsheimer Pfarrhaus war Platz genug und in unseren Herzen auch. Doch es sollte anders kommen:

An einem Wochenende etwa drei Wochen vor dem errechneten Geburtstermin ergriff mich große Unruhe. Das Baby im Mutterleib verhielt sich so ungewohnt ruhig, reagierte auf nichts. Voll Sorge riefen mein Mann und ich zu dem allmächtigen Gott, der Herr ist über Tod und Leben. Dann fuhr ich ins Krankenhaus, um Herztöne hören zu lassen. Mit einem flapsigen »Wie viele Kinder wollen Sie denn noch?« empfing mich der Arzt. Kurz darauf stellte er fest, dass unsere Luise gestorben war. Ich war wie gelähmt. Zu Hause traf sich die schwerste Familienrunde, die wir bislang erlebten. Unsere Luise, das wussten wir, ist in den Armen unseres Herrn Jesus geborgen. Vielleicht singt sie schon, spielt und lacht, aber wir saßen da und weinten. »*Auf, auf gib deinem Schmerze und Sorgen gute Nacht, lass fahren, was dein Herze betrübt und traurig macht. Bist du doch nicht Regente, der alles führen soll. Gott sitzt im Regimente und führet alles wohl.*« So stand es an diesem Tag in der Losung – unbegreiflich und schwer für uns.

Ist es denn nicht verständlich, wenn man nach solchen Schlägen diesem Herrn davonläuft? Kann man Gott noch vertrauen, wenn er so unbegreiflich regiert?

Mein Empfinden war anders. Ich konnte nur beten. »Ja, Herr, du bist Herr über Leben und Tod, wir sind nichts vor dir. Aber jetzt beweise dich und bringe uns da durch an deiner starken Hand.«

Am nächsten Tag brachte ich unsere Luise zur Welt. Und Gott half durch. Mitfühlende Hebammen begleiteten uns. Zwei Stunden durften wir unser Kind im ach so stillen Kreißsaal hüten. Wir konnten Luise segnen und in den guten Händen Gottes lassen – als ein Stück von uns schon im Himmel. Wir beerdigten Luise auf dem schönen Mundelsheimer Friedhof. Sie hat uns nicht einen Tag hier begleiten dürfen, aber sie war eine Person mit Würde und Recht, von Gott erdacht und geliebt, wie viele andere ungeborene oder gar im Mutterleib getötete Kinder.

Die Zeit, die folgte, war hart. Manchmal fragte ich mich, ob die Tränen je versiegen würden. Ich fühlte mich so amputiert, so allein. Menschen kamen, um zu trösten, nahmen Anteil oder weinten nur still mit. Ganz groß wurde mir Gottes persönliche Seelsorge. Als hätte er mich tatsächlich noch fester und liebevoller an die Hand genommen, redete er intensiv zum Beispiel durch die täglichen Losungen, aber auch ganz praktisch. In unserem Bibelcafé für Frauen beschäftigten wir uns das ganze Jahr über mit Abraham, diesem großen Vorbild im grenzenlosen Vertrauen auf Gott. Ich hatte meinen Frauen ein großes Ölgemälde eines afrikanischen Straßenmalers mitgebracht, das mir einmal meine Schwägerin aus Malawi geschenkt hatte. Noch immer war dies Bild nicht gerahmt worden, und weil ich es nicht weiter so stiefmütterlich in einer Ecke aufbewahren wollte, hatte ich es einem Fachmann, der es auf einen Holzrahmen spannen sollte, gebracht. Lange hörte ich nichts von dem Bild, der Sommer ging vorüber, der Herbst kam. In der Woche nach Luises Tod klingelte das Telefon und mir wurde mitgeteilt: »Ihr Abraham ist fertig!« Ich schaltete erst gar nicht, dann erinnerte ich mich an dieses eindrückliche Bild von Abraham unter dem riesigen Sternenhimmel. Ja, diese Ermutigung brauchte ich jetzt. Es war, als wolle Gott mir sagen: Vertraue mir weiter, so wie Abraham mir vertraut hat. Auch wenn es im Moment gar nicht gut aussieht, auf mich kannst du dich verlassen, ich mache es gut mit dir.

Im Mai 2007 konnten wir einen kleinen Dominik in unserer Familie begrüßen. Er ist ein fröhliches Trostkind für uns.

Ich möchte Ihnen Mut machen: Fassen Sie Gottes Hand, bleiben Sie an seiner Hand in guten und in bösen Zeiten. Er bringt Sie durch. Ich wünsche Ihnen, dass Sie auch eines Tages sagen können: »Und doch: Ich bin bei dir geborgen.«

Andrea Eißler

Anhang

1 Diverse Titel GVH-Sachbuch. © 2009, Gütersloher Verlagshaus, Gütersloh, in der Verlagsgruppe Random House GmbH.
2 Text und Melodie: Elisabeth und Gerhard Schnitter. © 1979 SCM Hänssler, 71 087 Holzgerlingen.
3 Text und Melodie: Carsten Groß. © 1998 SCM Hänssler, 71087 Holzgerlingen.
4 Jochen Klepper. Trostlied am Abend, in Kyrie. Geistliche Lieder, Luther-Verlag Bielefeld, 22. Auflage 2007
5 Text und Melodie: Gerhard Schnitter. © 2004 SCM Hänssler, 71087 Holzgerlingen.
6 Rudolf Alexander Schröder. Die geistlichen Gedichte. Suhrkamp Verlag, ehemals S.Fischer. Berlin. 1949, S. 234f.
7 aus: Axel Kühner, Überlebensgeschichten für jeden Tag, 17. Aufl. 2008, Aussaat Verlag, Neukirchener Verlagsgesellschaft mbH.
8 aus: Axel Kühner, Überlebensgeschichten für jeden Tag, 17. Aufl. 2008, Aussaat Verlag, Neukirchener Verlagsgesellschaft mbH.
9 Paul Gerhardt 1653, EG 361.
10 Text: Johannes Jourdan. Musik: Bernd Arhelger. © 1986 Gerth Medien Musikverlag, Asslar.
11 Nach Dorothy C. Wilson. Um Füße bat ich und er gab mir Flügel. Witten: SCM R. Brockhaus 1980.
12 Martin Luther. Briefe von der Wartburg. Hg. H. Hintzenstern. Schriften der Wartburg-Stiftung 1984, S. 37.
13 © Tobias Eißler.
14 Jörg Swoboda/Theo Lehmann. © SCM Collection im SCM-Verlag GmbH & Co. KG, Witten.
15 Text: Manfred Siebald. Melodie: Johannes Nitsch. © SCM Hänssler, 71087 Holzgerlingen.
16 Text und Musik: Margret Birkenfeld. © 1977 Gerth Medien Musikverlag, Asslar.
17 Johann Christoph Blumhardt 1852. EG 375.
18 Albrecht Goes, Grabschrift. Aus: ders., Gedichte. © S. Fischer Verlag GmbH, Frankfurt am Main 2008.
19 Text: Nicole Vogel. Musik: Hans Werner Scharnowski © 1991 Gerth Medien Musikverlag, Asslar
20 Text und Melodie: Albert Frey. © 2000 SCM Hänssler für Immanuel Music, Ravensburg.
21 aus: Stiftung Marburger Medien »Leben live«.

22 Hermann Hesse, Sämtliche Werke. Hrsg. von Volker Michels. Bd. 10: Die Gedichte, © Suhrkamp Verlag Frankfurt am Main 2002.
23 Philipp Friedrich Hiller, Evangelisches Gesangbuch (EKG) Württemberg, Nr. 304.
24 Paul Gerhardt EG 361,7.
25 Text: Christoph Zehendner. Melodie: Manfred Staiger. © SCM Hänssler, 71087 Holzgerlingen/Profil Medien, Neuhausen.
26 Text und Melodie: Manfred Siebald. © 1972 SCM Hänssler, 71087 Holzgerlingen.
27 Eduard Mörike. Werke in einem Band. München: Hanser Verlag 1977. S. 127.
28 Dietrich Bonhoeffer. EG S. 1203.
29 Bei Johannes Eccard 1598. EG 473.
30 Johann Gottfried Schöner (1749–1818) EG 1953, Nr. 515, 1-4.6.
31 Hilde Domin, nicht müde werden. Aus: dies., Gesammelte Gedichte. © S.Fischer Verlag GmbH, Frankfurt am Main 1987.
32 Philipp Spitta (1801–1859) EG 374.
33 © Tobias Eißler.
34 Axel Kühner. Überlebensgeschichten für jeden Tag. Neukirchen-Vluyn: Aussaat Verlag 1994, S. 127.
35 Text: Christoph Zehendner. Musik: Manfred Staiger © Auf den Punkt, Siegen
36 Text und Melodie: Peter Strauch. © 1981 SCM Hänssler, 71087 Holzgerlingen.

Die Quellen wurden sorgfältig geprüft. Trotz intensiver Recherche konnten nicht alle Urheber zweifelsfrei festgestellt werden. Für Hinweise ist der Verlag dankbar.